Q&A 法人登記の実務

宗教法人

吉岡誠一 著
辻本五十二

日本加除出版

はしがき

　本書は、これまでに発刊されたNPO法人、学校法人、社会福祉法人、医療法人、農事組合法人、農業協同組合、事業協同組合、水産業協同組合等の「Q&A法人登記の実務」シリーズの一環として刊行されるものです。

　法人登記の目的は、法人の存在、組織、財産関係の状況等を登記簿に記載して公示することにあります。宗教法人が法律関係の主体となり、法律行為を行う場合にも、誰が法人を代表し、財産状況はどうなっているか等の事項を、第三者のほか、法人の構成員その他の利害関係人に対しても明らかにすることにより、取引の安全と円滑を図ろうとするものです。宗教法人法では、設立又は合併の登記については、所轄庁の認証を得て、その登記をしなければ効力を生じないとしていますし、また、登記事項に変更が生じた場合には、変更の登記をし、登記事項証明書を添付して所轄庁に届け出なければならないとされています。

　ところで、宗教法人の数については、平成24年末現在において、文部科学大臣を所轄庁とするもの及び都道府県知事を所轄庁とするものを併せて18万法人を超えている（文化庁HP＞宗教法人と宗務行政＞概要）とのことであり、法人登記事務を処理する上においても大きな存在になっているものと思われます。宗教法人法も社会状況や宗教法人の実態の変化等から、平成7年には、所轄庁、事務所備付け書類の見直し及び所轄庁への提出、信者その他の利害関係人への閲覧等に関する事項等についての改正（平成7年法律第134号）が行われ、また、平成18年には、いわゆる公益法人制度改革関連三法（平成18年法律第48号、49号、50号）によって宗教法人法が改正（平成20年12月1日施行）され、登記面に関しても、従たる事務所における登記事項が、従前は主たる事務所の所在地における登記事項と同一であるとされていたものを、「名称」、「主たる事務所の所在場所」及び「従たる事務所」のみとされるなど、登記に関する規定についても改正が行われています。

　そこで本書においては、上記の宗教法人法の改正をも踏まえて宗教法人の設立から機関設計、代表役員や責任役員の選任・解任、合併、解散に至

1

るまでの手続と、それぞれの登記手続について、申請書、添付書類等のひな形や図表及び所轄庁への認証申請書・届出書の書式を掲載して、体系的に簡潔なQ＆A方式でわかりやすく整理し、解説を加えています。

　本書が、宗教法人の運営に携わる方々や登記事務に携わる実務家の方々の手引書として、広く利用していただければ幸いです。

　　平成26年6月

　　　　　　　　　　　　　　　　　　　　　吉　岡　誠　一

目　　　次

第1章　総　説 ————————————————— 1

1　宗教法人制度 ………………………………………… 1
Q1　宗教法人制度の変遷について、教えてください。………… 1

2　宗教法人の目的と種類 ………………………………… 2
Q2　宗教法人の目的と種類について、教えてください。……… 2

3　宗教法人の行う事業 …………………………………… 3
Q3　宗教法人が行うことのできる事業には、どのようなものがありますか。……………………………………… 3

4　宗教法人の所轄庁 ……………………………………… 4
Q4　宗教法人の所轄庁について、教えてください。…………… 4
Q5　所轄庁の権限について、説明してください。……………… 5
Q6　宗教法人の認証が取り消された場合、当該法人はどうなりますか。………………………………………… 5
Q7　宗教法人は、毎会計年度終了後、事務所に備えられた書類のうち、一定のものを所轄庁に提出しなければならないとされていますが、どのような書類を提出するのですか。……………………………………… 6
Q8　所轄庁に対してする「認証の申請」又は「届出」について、説明してください。……………………………… 6

第2章　宗教法人の管理運営 ———————————— 13

1　必要な書類、帳簿の備付け等 ……………………… 13

Q9　宗教法人法上、宗教法人の事務所に常に備え付けておかなければならない書類、帳簿とはどのようなものですか。……………………………………………………… 13

Q10　事務所備付け書類等の閲覧請求について、説明してください。……………………………………………… 15

2　宗教法人の機関 ……………………………………… 16

Q11　宗教法人の機関について、教えてください。……… 16

Q12　役員の欠格事項について、教えてください。……… 18

Q13　代表役員、責任役員の選任方法について、教えてください。………………………………………………… 19

Q14　代表役員、責任役員の任期はどのようになっているのですか。…………………………………………… 20

第3章　宗教法人の規則 ———————————————— 23

Q15　宗教法人の規則とはどのようなものですか。……… 23

Q16　宗教法人の規則の記載例とその留意点について説明してください。………………………………………… 23

第4章　登記申請の手続及び方法 ————————————— 35

Q17　登記申請書の提出先及び提出方法について、教えてください。……………………………………………… 35

Q18　オンラインによる登記の申請手続を簡単に説明してください。……………………………………………… 37

目　次

　　Q19　主たる事務所の所在地においてする登記の申請と従
　　　　たる事務所の所在地においてする登記の申請とを、一
　　　　括申請することができますか。…………………………… 38

第5章　設立の登記 ―――――――――――――――― 43

1　設立の手続 ………………………………………………… 43

　　Q20　宗教法人を設立したいのですが、その手続を教えて
　　　　ください。………………………………………………… 43

　　Q21　宗教法人の名称には、何か制限がありますか。……… 47

2　設立の登記 ………………………………………………… 48

　　Q22　宗教法人の設立登記の手続を教えてください。……… 48

　　Q23　宗教法人の設立に際して従たる事務所を設置し、こ
　　　　の登記を従たる事務所の所在地においてする登記手続
　　　　について、教えてください。…………………………… 65

　　Q24　印鑑の提出の手続について、教えてください。……… 67

　　Q25　宗教法人の設立に際して従たる事務所を設けた場合
　　　　に主たる事務所の所在地においてする登記と従たる事
　　　　務所の所在地においてする登記の一括申請について、
　　　　説明してください。……………………………………… 70

3　所轄庁に対する設立登記完了の届出 …………………… 72

　　Q26　所轄庁に対する設立登記完了の届出について、説明
　　　　してください。…………………………………………… 72

第6章 目的（事業の種類を含む。）、名称、包括団体の名称及び宗教法人非宗教法人の別等の変更登記 ——— 73

1 規則の変更手続 ……………………………………… 73
Q27 規則の変更手続について、教えてください。……… 73

2 目的（事業の種類を含む。）、名称、包括団体の名称及び宗教法人非宗教法人の別等の変更の登記手続 …… 76
Q28 宗教法人が公益事業を新たに行うときの登記手続について、教えてください。…………………………… 76

Q29 宗教法人が名称を変更したときの登記手続を教えてください。……………………………………………… 83

3 被包括関係の設定又は廃止の登記 ……………… 90
Q30 宗教法人の被包括関係の設定又は廃止の登記について、教えてください。……………………………… 90

4 基本財産の総額の変更登記 ……………………… 97
Q31 基本財産の総額の変更登記の手続について、説明してください。………………………………………… 97

第7章 事務所の移転等の登記 ——— 103

1 主たる事務所の移転（管轄区域外への移転）の登記 ……… 103
Q32 宗教法人の主たる事務所を登記所の管轄区域外に移転する場合の手続を教えてください。……………… 103

Q33 主たる事務所を移転したときの登記を申請する管轄登記所について、教えてください。………………… 104

Q34 主たる事務所を登記所の管轄区域外に移転する場合の登記手続について、教えてください。…………… 105

2 **主たる事務所の移転（管轄区域内の移転）の登記**……… 114

Q35 主たる事務所を同一登記所の管轄区域内で移転する場合の登記手続について、教えてください。………… 114

3 **従たる事務所の所在地における主たる事務所移転の登記**…… 118

Q36 主たる事務所の管轄区域外にある従たる事務所の所在地において、主たる事務所の移転の登記をしたいのですが、その手続を教えてください。…………… 118

4 **従たる事務所の設置の登記**………………………… 120

Q37 宗教法人の成立後に従たる事務所を設置したいのですが、その手続を教えてください。……………… 120

Q38 従たる事務所を設置した場合の登記手続について、説明してください。………………………… 120

5 **従たる事務所移転の登記**………………………… 129

Q39 従たる事務所を移転した場合の登記手続について、教えてください。………………………… 129

6 **従たる事務所廃止の登記**………………………… 138

Q40 従たる事務所を廃止する場合の登記手続について、教えてください。………………………… 138

7 **行政区画等の変更に伴う主たる事務所の変更の登記**…… 144

Q41 行政区画等の変更に伴い、宗教法人の事務所の地番が変更された場合の変更登記の手続は、どのようになりますか。………………………… 144

8　住居表示の実施による主たる事務所の変更登記 ……………… 147
　Q42　住居表示の実施により、主たる事務所の所在場所に変更があった場合の登記手続はどのようになりますか。……………… 147

第8章　代表役員の変更登記 ——————————— 149

1　宗教法人の責任役員・代表役員の選任手続 ……………… 149
　Q43　責任役員・代表役員の選任手続について、説明してください。……………… 149

2　代表役員の変更 ……………………………………………… 150
　Q44　代表役員が新たに就任した場合や、代表役員が退任した場合には、登記事項である代表役員の氏名、住所及び資格に変更があった場合に該当し、その変更の登記をしなければなりませんが、代表役員の退任事由について説明してください。……………… 150
　Q45　宗教法人の代表役員に変更が生じた場合の変更登記について、説明してください。……………… 151
　Q46　代表役員の氏名又は住所に変更が生じた場合の登記手続について、教えてください。……………… 164

3　所轄庁に対する代表役員変更登記完了の届出 ……………… 166
　Q47　所轄庁に対する代表役員の変更登記完了の届出について、説明してください。……………… 166

4　代表役員代務者の登記 ……………………………………… 167
　Q48　宗教法人の代表役員代務者について、説明してください。……………… 167

Q49　宗教法人の代表役員代務者の就任登記の手続について、教えてください。……………………………………… 168

第9章　合併の登記 ──────────── 183

1　総　説 ……………………………………………………… 183
　　Q50　宗教法人の合併について、説明してください。……… 183

2　吸収合併の手続 …………………………………………… 183
　　Q51　宗教法人の吸収合併の手続について、教えてください。…………………………………………………… 183
　　Q52　宗教法人の合併についての所轄庁の認証手続について、教えてください。………………………………… 186

3　吸収合併の登記手続 ……………………………………… 190
　　Q53　宗教法人の吸収合併の登記手続について、教えてください。……………………………………………… 190
　　Q54　吸収合併により解散する宗教法人の解散の登記手続について、教えてください。…………………………… 201

4　新設合併の手続 …………………………………………… 203
　　Q55　宗教法人の新設合併の手続について、教えてください。…………………………………………………… 203

5　新設合併の登記手続 ……………………………………… 205
　　Q56　宗教法人の新設合併の登記手続について、教えてください。……………………………………………… 205

第10章　解散・清算等に関する登記 ─────── 221

1　解散及び清算 ……………………………………………… 221

Q57　宗教法人は、どのような事由によって解散するのですか。 ………………………………………………… 221

Q58　宗教法人の任意解散の手続について、説明してください。 …………………………………………………… 223

Q59　清算人の選任手続について、説明してください。 ……… 225

2　解散及び清算人の登記手続 …………………………… 226

Q60　宗教法人の解散及び清算人の登記手続について、教えてください。 ……………………………………………… 226

3　清算人の変更登記 ……………………………………… 232

Q61　清算人が変更したときの登記手続について、教えてください。 ……………………………………………… 232

Q62　清算結了の登記手続について、説明してください。 …… 238

参考資料

○宗教法人法 ……………………………………………………… 244

第1章 総　説

1　宗教法人制度

宗教法人制度の変遷について、教えてください。

　我が国には、長らく宗教団体を規律する一般法がありませんでしたが、昭和14年に「宗教団体法」（昭和14年法律第77号）が制定され、昭和15年4月1日から施行されています。同法では、宗教団体の設立には、文部大臣又は地方長官の認可が必要とされ、その運営については、管長、住職等が主管し、代表し、総代にこれを補佐させていたとされ、文部大臣には宗教法人に対する監督、調査、認可の取消し等の権限が与えられていました（渡部蓊『逐条解説宗教法人法　第4次改訂版』6頁（ぎょうせい））。

　その後、宗教法人令が昭和20年12月28日に公布・施行されたことにより、宗教団体法は廃止されました。宗教法人令では、宗教法人の設立については、規則を作成し、設立の登記をすれば宗教法人となることができ、所轄庁の宗教法人に対する監督規定等はほとんど設けられていませんでした（前掲書10頁）。宗教法人令は、いわゆるポツダム勅令であったため、同令に代わるものとして、昭和26年4月3日に宗教法人法（昭和26年法律第126号。以下「法」という。）が公布され、同日から施行されました。宗教法人法は、その後の社会状況や宗教法人の実態の変化等から、宗教法人法を見直すべきであるとの指摘がされたため、平成7年法律第134号をもって、所轄庁の監督権限の拡大や法人運営の透明性を高めるための改正が行われています。

　なお、宗教法人法では、「宗教法人には、3人以上の責任役員を置き、そのうち1人を代表役員とする」（法18条1項）とあり、代表役員は、宗教法人を代表し、その事務を総理する（同条3項）、責任役員は、宗教法人の事務を決定する（同条4項）とあります。

　この責任役員制度は、宗教法人法以前の法律である宗教団体法や宗教法

人令で規定されていた総代の制度に代わるものとして新たに設けられた制度であるとされています（宗教法制研究会編『宗教法人の法律相談』18頁（民事法情報センター））。すなわち、もろもろの宗教法人事務全般にわたっての意思決定は、必ず責任役員が関わらなければならないとされています（前掲書）。

現行の宗教法人法に基づく宗教法人とは、宗教の教義を広め、儀式行事を行い、及び信者を教化育成することを主たる目的とする宗教団体が、規則を作成し、所轄庁の認証を受けて登記をすることによって法人格を取得したものをいいます（法2条、4条）。

2　宗教法人の目的と種類

宗教法人の目的と種類について、教えてください。

(1)　宗教法人の目的

宗教法人は、教義を広め、儀式行事を行い、及び信者を教化育成することを主たる目的とする宗教団体が所轄庁の認証を経て法人格を取得したものです（法4条1項）。

そのため、宗教法人法は、宗教団体が礼拝の施設その他の財産を所有し、これを維持運用し、その他その目的達成のための業務及び事業を運営することに資するため、宗教団体に法律上の能力を与えることを目的としています（法1条1項）。

(2)　宗教法人の種類

宗教団体には単位宗教団体と包括宗教団体があります。

ア　単位宗教団体

単位宗教団体とは、礼拝の施設を備える神社、寺院、教会、修道院その他これらに類する団体であり（法2条1号）、この団体が法人となったものが単位宗教法人と呼ばれています。

イ　包括宗教団体

包括宗教団体とは、単位宗教団体を包括する教派、宗派、教団、教

会、修道会、司教区その他これらに類する団体であり（法2条2号）、この団体が法人となったものが包括宗教法人と呼ばれています。

また、単位宗教法人のうち、包括宗教法人若しくは包括宗教団体に包括されている宗教法人は被包括宗教法人といい、包括されていない宗教法人は単立宗教法人と呼ばれています。例えば、仏教では、宗派が包括宗教法人（団体）に当たり、本山や末寺が被包括宗教法人に当たります。

3　宗教法人の行う事業

宗教法人が行うことのできる事業には、どのようなものがありますか。

宗教法人が行うことのできる事業としては、①宗教法人がその目的を達成するために行う宗教活動事業（法2条）、②公益事業（法6条1項）、③その他の事業（同条2項）があります。

宗教法人は、宗教の教義を広め、儀式行事を行い、及び信者を教化育成することを目的とする法人ですので、宗教法人がその目的達成のために宗教活動事業を行うことができることは当然ですが、そのほか、宗教法人は公益事業を行うことができるとされ、また、その目的に反しない限り公益事業以外の事業を行うこともできるとされています（法6条1項・2項）。

したがって、宗教法人は、公益を目的とした公益事業や宗教活動などの目的達成に資するために収益事業などの公益事業以外の事業を行うことができます。ただし、公益事業以外の事業から収益を生じたときは、これを当該法人、当該宗教法人を包括する宗教団体又は当該宗教法人が援助する宗教法人若しくは公益事業のために使用しなければならないとされています（同条2項）。宗教法人が公益事業及び公益事業以外の事業を行う場合には、宗教法人規則に事業の種類や管理運営に関する事項を記載しなければなりません。新たに公益事業等を行う場合には、手続としては、責任役員会の決議により、行う事業の種類を定め、規則を変更して、所轄庁の認

証を受ける必要があります。なお、所轄庁は、宗教法人が行う公益事業以外の事業について宗教法人法 6 条 2 項の規定に違反する事実がある場合、当該宗教法人に対し、1 年以内の期間を限りその事業の停止を命じることができます（法 79 条 1 項）。

4　宗教法人の所轄庁

宗教法人の所轄庁について、教えてください。

　宗教法人の所轄庁は、原則として当該法人の主たる事務所の所在地を管轄する都道府県知事ですが、他の都道府県内に境内建物を備える宗教法人、当該宗教法人を包括する宗教法人、又は、他の都道府県にある宗教法人を包括する宗教法人の所轄庁は、文部科学大臣となります（法 5 条）。

　その趣旨は、他の都道府県内に境内建物を備える宗教法人、すなわち、複数の都道府県において活動を行う宗教法人については、所轄庁が宗教法人法に定められた責任をより適切に果たすことができるよう、その所轄庁を都道府県知事ではなく、文部科学大臣としているとのことです（平成 8.9.2 庁文宗第 137 号文部事務次官通達）。

　なお、宗教法人が新たに他の都道府県に境内建物を備えた場合、又は備えなくなった場合には、当該法人の所轄庁が変更されます。すなわち、都道府県知事を所轄庁とする宗教法人が、他の都道府県内に境内建物を備えた場合には、所轄庁は、都道府県知事から文部科学大臣に変更になりますし、他の都道府県内に境内建物を備える宗教法人が、他の都道府県内に境内建物を備えないこととなった場合には、所轄庁が文部科学大臣から都道府県知事に変更となります。

（注）境内建物とは
　　　境内建物とは、本殿、拝殿、本堂、会堂、僧堂、僧院、信者修行所、社務所、庫裏、教職舎、宗務庁、教務院、教団事務所その他宗教法人が、宗教の教義を広め、儀式行事を行い、及び信者を教化育成するという主たる目的の

第1章 総　説

ために、供される建物及び工作物をいいます（法3条）。
　この境内建物については、上記で述べたとおり、宗教法人の所轄庁の基準とされています。

所轄庁の権限について、説明してください。

所轄庁の権限には、次のようなものがあります。
①　宗教法人の設立にかかる規則の認証、規則の変更の認証（法14条、28条）
②　宗教法人の合併又は任意解散の認証（法39条、46条）
③　公益事業以外の事業の停止命令（法79条）
④　設立にかかる規則又は新設合併の認証の取消し（法80条）
⑤　宗教法人が法81条1項各号に掲げる事由に該当する場合などにおける裁判所への解散命令の請求（法81条）
⑥　上記②から④までの事由に該当する疑いがあると認められるときの、当該法人の業務又は事業の管理運営に関する事項に対する報告の徴収又は質問（法78条の2）

宗教法人の認証が取り消された場合、当該法人はどうなりますか。

　所轄庁は、宗教法人の設立にかかる規則の認証又は新設合併の認証をした後、宗教法人法14条1項1号（当該団体が宗教団体であること）又は39条1項3号（合併後成立する団体が宗教団体であること）に掲げる要件を欠いていることが判明したときは、認証書を交付した日から1年以内であれば、当該認証を取り消すことができます（法80条1項）。
　宗教法人の認証が取り消された場合は、法定解散事由が発生するので（法43条2項）、所轄庁が当該宗教法人の主たる事務所及び従たる事務所の

5

所在地の登記所に解散の登記の嘱託をすることになります（法80条6項）。

Q7
宗教法人は、毎会計年度終了後、事務所に備えられた書類のうち、一定のものを所轄庁に提出しなければならないとされていますが、どのような書類を提出するのですか。

　宗教法人は、平成7年の宗教法人法改正（平成7年法律第134号）により、事務所に備え付ける書類が見直されるとともに、新たにその書類の一部について、毎会計年度終了後4か月以内に、その写しを所轄庁へ提出しなければならないとされています（法25条4項）。
　宗教法人の事務所備付け書類の一部の写しの所轄庁への提出が義務付けられている趣旨は、当該宗教法人が規則等に従ってその目的に沿った活動を行っていることを所轄庁が継続的に確認するためであるとされています（平成8.9.2庁文宗第137号文部事務次官通達）。所轄庁に提出すべき書類は、宗教法人の事務所に備付けの義務のある書類及び帳簿（法25条2項）のうち、役員名簿、財産目録、収支計算書、貸借対照表（作成している場合）、境内建物に関する書類、事業に関する書類（法6条の事業を行っている場合）の写しです。

Q8
所轄庁に対してする「認証の申請」又は「届出」について、説明してください。

　宗教法人が、所轄庁に対して、認証の申請又は届出をしなければならない事項は、次のとおりです。
1　認証申請をしなければならない事項
　(1)　設立に関する規則の認証申請（法13条）
　　　宗教法人を設立しようとする者は、目的、名称その他宗教法人法

12条1項に掲げる事項を記載した規則を作成し、その規則について所轄庁の認証を受けなければならないとされています（法12条1項）。

認証を受けようとする者は、認証申請書及び規則2通に、次の書類を添付して所轄庁に提出しなければならないとされています（法13条）。

① 当該団体が宗教団体であることを証する書類（宗教団体証明書）
② 信者その他の利害関係人に対する宗教法人を設立する旨の公告をしたことを証する書類（公告証明書）
③ 認証の申請人が当該団体を代表する権限を有することを証する書類
④ 代表役員及び定数の過半数に当たる責任役員に就任を予定されている者の受諾書

(2) **規則変更の認証申請（法27条）**

宗教法人の規則の変更には、所轄庁の認証が必要です（法26条1項）。宗教法人が認証を受けようとするときは、認証申請書及びその変更しようとする事項を示す書類2通に、次の書類を添付して所轄庁に提出しなければならないとされています（法27条）。

① 規則の変更の決定について規則で定める手続を経たことを証する書類

規則の変更につき議決した、責任役員会の議事録、規則に、規則を変更するときは、その他の機関（総代、総会等）の議決又は同意を得なければならない旨の定めがある場合は、その機関の議事録又は同意書、また、規則に、規則を変更しようとするときは、包括宗教団体の承認を得なければならない旨の定めがある場合は、包括宗教団体の承認書が必要です。

② 規則の変更が被包括関係を新たに設定しようとするときには、責任役員会等の議決により規則変更のための手続を終了した後、信者その他の利害関係人に対して、変更しようとする規則の案の要旨を示して、被包括関係を設定しようとする旨を公告することが必要です（法26条2項）。また、被包括関係を設定しようとする宗教団体の承認を受けることが必要です（同条3項）。そこで、所轄庁への認証申請においては、規則で定める手続を経たことを証する書類の

ほか、包括団体の被包括関係設定承認書及び公告をしたことを証する書類を添付しなければならないとされています（法27条2号）。
③ 被包括関係を廃止しようとするときは、責任役員会等においてそのための規則変更の手続を経た後、信者その他の利害関係人に対し、変更しようとする規則の案の要旨を示して、被包括関係を廃止しようとする旨の公告をすることとされています（法26条2項）。また、被包括関係の廃止の場合には、被包括法人は、この公告と同時に、当該関係を廃止しようとする宗教団体に対して、廃止しようとする旨の通知をしなければならないとされています（同条3項）。そこで、所轄庁への認証申請においては、被包括関係廃止通知書及び公告をしたことを証する書類を添付しなければならないとされています（法27条3号）。

(3) **合併の認証申請（法38条）**

宗教法人は、合併の認証を受けようとするときは、認証申請書及び吸収合併において規則の変更を必要とするときは、その変更しようとする事項を示す書類2通に、新設合併の場合にはその規則2通に、次に掲げる書類を添付して、所轄庁に提出しなければならないとされています（法38条1項）。

なお、合併認証の申請は、合併しようとする各宗教法人の連名でするものとされ、これら宗教法人の所轄庁が異なる場合には、吸収合併の場合には、合併後存続しようとする宗教法人、新設合併の場合には、合併によって設立しようとする宗教法人の所轄庁に対し、申請しなければならないとされています（同条2項）。

ア 合併について規則で定める手続（規則に別段の定めがないときは、法19条の規定による手続）を経たことを証する書類

合併につき議決した責任役員会議事録、規則に合併しようとするときは、その他の機関（総代、総会等）の議決又は同意を得なければならない旨の定めがある場合は、総代の同意書等、また、規則に、包括宗教団体の承認を得なければならない旨の定めがある場合には、包括宗教団体の承認書が必要です。

イ 吸収合併の場合の添付書類

① 法34条1項の規定による公告をしたことを証する書類

② 法34条2項から4項までの規定による手続を経たことを証する書類
　　i 法34条2項の規定による手続を経たことを証する書類として、財産目録及び公益事業又はその他の事業を行う場合には、その事業に係る貸借対照表を添付します。
　　ii 法34条3項の規定による債権者に対する公告及び催告をしたことを証する書類を添付します。
　　iii 債権者が異議を申し述べたときは、法34条4項の規定による手続を経たことを証する書面として、債権者のために弁済、担保の提供、財産の信託をしたことを証する書類を添付します。
③ 法35条1項の規定による手続を経たことを証する書類
　　吸収合併存続法人がその規則の変更を必要とする場合は、当該法人の規則で定める手続を経たことを証する書類として、責任役員会議事録、規則に、規則を変更しようとするときは、その他の機関（総代、総会等）の議決又は同意を得なければならない旨の定めがある場合は、総代の同意書等、また、規則に、包括宗教団体の承認を得なければならない旨の定めがある場合には、包括宗教団体の承認書が必要です。
④ 合併に伴い被包括関係を設定し、又は廃止しようとする場合は、法36条において準用する法26条2項の規定による公告をしたこと及び同条3項の規定による承認を受け、又は通知したことを証する書面
ウ　新設合併の場合の添付書類
① 法34条1項の規定による公告をしたことを証する書類
② 法34条2項から4項までの規定による手続を経たことを証する書類
③ 法35条2項の規定による手続を経たことを証する書類
④ 合併によって成立する団体が宗教団体であることを証する書類
⑤ 法35条3項の規定による公告をしなければならない場合には、当該公告をしたことを証する書類

(4) 解散の認証申請（法45条）

　宗教法人は、任意に解散しようとするときは、宗教法人法44条2項及び3項の手続をした後に、その解散について所轄庁の認証を受けなければならないとされています（法44条）。

　宗教法人は、任意解散について認証を受けようとするときは、認証申請書に次の書類を添付して所轄庁に提出しなければならないとされています（法45条）。

① 解散について規則で定める手続（規則に別段の定めがないときは、法19条の規定による手続）を経たことを証する書類

　解散につき議決した責任役員会議事録、規則に、解散しようとするときは、その他の機関（総代、総会等）の議決又は同意を得なければならない旨の定めがある場合は、総代の同意書等、また、規則に、包括宗教団体の承認を得なければならない旨の定めがある場合は、包括宗教団体の承認書が必要です。

② 法44条2項の規定による公告をしたことを証する書類

③ 信者その他の利害関係人が解散について意見を述べた場合には、法44条3項の規定による再検討をしたことを証する書類

　再検討をしたことを証する書面として、責任役員会議事録を添付します。

2 届出をしなければならない事項

(1) 登記に関する届出（法9条）

　宗教法人は、設立、目的、名称、事務所の所在場所の移転、代表権を有する者の氏名、住所及び資格等の変更、合併、解散、清算結了等の登記をしたときは、遅滞なく、登記事項証明書を添えて、その旨を所轄庁に届け出なければならないとされています（法9条）。この届出義務に違反したときは、宗教法人の代表役員、その代務者等は10万円以下の過料に処せられることとされています（法88条2号）。

(2) 破産手続開始の決定により解散した場合の届出

　宗教法人がその債務につきその財産をもって完済することができなくなった場合には、裁判所は、代表役員若しくは債権者等の申立てにより又は職権で、破産手続開始の決定をします（法48条1項）。破産手続開始の決定があれば、宗教法人は解散します（法43条2項3号）。

宗教法人が破産手続開始の決定により解散したときは、遅滞なくその旨を所轄庁に届け出なければならないとされています（法43条3項）。この届出義務に違反したときは、宗教法人の代表役員、その代務者等は10万円以下の過料に処せられるとされています（法88条2号）。

第2章　宗教法人の管理運営

1　必要な書類、帳簿の備付け等

宗教法人法上、宗教法人の事務所に常に備え付けておかなければならない書類、帳簿とはどのようなものですか。

　宗教法人は、管理運営を行うに当たり、法人の状況を的確に把握するため、必要な書類、帳簿を常に事務所に備え付けなければならないとされています（法25条2項）。

　備え付けられた書類又は帳簿は、信者その他の利害関係人の閲覧請求の対象になりますし（同条3項）、その一部の書類の写しは毎年所轄庁に提出しなければならないとされています（同条4項）。

　宗教法人法では、宗教法人の事務所には、常に、次の書類、帳簿を備え付けておくことが義務付けられています。

(1)　規則、認証書

　　宗教法人の運営は、規則の定めるところに従って行われますので、規則による法人運営の適法性が確認ができるよう、所轄庁の認証を受けた規則と認証書を備え付けておく必要があります。

(2)　役員名簿

　　宗教法人の運営は、責任役員等の役員により行われるので、現在の役員が誰であるかを把握することができるように、役員名簿を備え付けておく必要があります。

(3)　財産目録

　　財産目録とは、一定の時点において、宗教法人が保有する資産と負債について、一覧にし、法人の財産状況を明らかにしたものです。財産目録は、毎会計年度終了後3か月以内に作成しなければなりません（法25条1項）。

(4) 収支計算書

　　収支計算書とは、会計年度の収入、支出の明細表であり、予算の執行状況を明らかにする書類です。

　　収支計算書の作成については、宗教法人法附則23項は、当分の間、公益事業以外の事業を行っていない宗教法人であって、その一会計年度の収入の額が寡少である額として文部科学大臣が定める額の範囲内にあるときは、当該会計年度に係る収支計算書を作成しないことができるとされています。なお、この額は 8,000 万円以内と定められています。

　　また、収支計算書の作成義務が免除される場合であっても、収支計算書を作成していれば、事務所に備え付ける必要があるとされています。

(5) 貸借対照表（作成している場合）

(6) 境内建物（財産目録に記載されているものを除く。）に関する書類

　　境内建物に関する書類は、財産目録に記載されていない境内建物がある場合に限って作成し、事務所に備え付けることとされています。

(7) 責任役員会等の議事録

　　責任役員会その他宗教法人規則で定める機関、例えば、総代会などによる意思決定の経過と決定事項を記録したものを備え付けることとされています。

(8) 事務処理簿

　　宗教法人の管理運営に関する事務を処理した経過を簡潔に記録したものを備え付けておくこととされています。

(9) 事業を行う場合には、その事業に関する書類

　　宗教法人が公益事業及び公益事業以外の事業を行う場合は、その事業に関する書類を事務所に備え付ける必要があります。

　　事業に関する書類は、事業の状況、事業に関する収支等を表す書類をいいます。

Q10

事務所備付け書類等の閲覧請求について、説明してください。

　宗教法人は、信者その他の利害関係人で、宗教法人の事務所に備え付けられた書類等の閲覧につき正当な利益があり、かつ、不当な目的によるものでないと認められる者から請求があったときは、これを閲覧させなければならないとされています（法25条3項）。

　なお、閲覧請求の対象となるのは、宗教法人法25条2項各号に掲げる書類及び帳簿です。

　事務所備付け書類の閲覧請求権が認められる信者その他の利害関係人であって正当な利益を有する者については、各宗教法人の特性及び慣習などにかんがみ、宗教法人が判断し、決定すべきであるとしていますが、例えば、次のような者が考えられるとされています（平成8.9.2庁文宗第137号文部事務次官通達）。

① 宗教法人と継続的な関係を有し、宗教法人の財産基盤の維持形成に貢献している寺院における檀徒や神社における氏子など
② 宗教法人の管理運営上の一定の地位が規則等で認められている総代など
③ 宗教法人と継続的な雇用関係にあり、一定の宗教上の地位が認められている宗教教師
④ 債権者
⑤ 保証人
⑥ 包括・被包括関係にある宗教団体

　また、不当な目的とは、閲覧の目的が閲覧請求の規定を設けた趣旨に沿わない目的のことを意味し、例を挙げれば、次のようなものが考えられるとしています（前掲通達）。

① 宗教法人を誹謗中傷するための資料を得る目的（第三者への提供目的を含む。）
② 宗教法人が一般に公開していない情報を第三者に売却する目的
③ 恐喝等、宗教法人から不当に財産的利益を得ようとする目的

2　宗教法人の機関

> **Q11**
> 宗教法人の機関について、教えてください。

　宗教法人に必ず設置される機関は、代表役員及び責任役員です。また、代行機関として代務者、臨時的な機関として仮代表役員・仮責任役員があります。このほか、法人は、規則の定めにより、議決、諮問、監査などの機関を置くことができるとされています。

1　代表役員・責任役員

　宗教法人には、3人以上の責任役員を置き、そのうち1人を代表役員としなければなりません（法18条1項）。代表役員は法人を代表し、責任役員は規則に従い法人の事務を決定するとされています（同条3項・4項）。いずれも、宗教法人に必ず置かなければならない機関です。

(1)　代表役員

　代表役員の資格は、①役員の欠格事項に該当しないこと（法22条）、及び、②代表役員は、責任役員であることを前提にしていますので、責任役員のうちの1人であることが必要です（法18条1項）。

　代表役員の職務は、法人の事務を総理し、法人を代表することです。代表役員は、規則に別段の定めがなければ、責任役員の互選によって定めることとされています（同条2項）。

　宗教法人の代表役員は、宗教法人の代表権を有するものとして、その氏名、住所及び資格を登記しなければなりません（法52条2項）。

(2)　責任役員

　責任役員は、3人以上を置かなければならないとされています（法18条1項）。そして、規則に別段の定めがなければ、宗教法人の事務は責任役員の定数の過半数で決定するものとされています（法19条）。

　責任役員の選任手続については法令に規定がないため、責任役員の任期、資格、員数及び選任方法は規則に定めておく必要があります（法12条1項5号）。

なお、責任役員（責任役員会）の議事に関する書類（議事録）は必ず作成し、宗教法人の事務所に備え付けておく必要があります（法25条2項5号）。責任役員会の議事録の作成若しくは備付けを怠り、又は議事録に虚偽の記載をしたときは、10万円以下の過料に処せられます（法88条4号）。

2　代表役員代務者・責任役員代務者

代務者とは、宗教法人の役員が何らかの事由で欠けたり、長期間職務を行うことができない場合に置かれる機関をいいます。宗教法人法上、代務者としては、代表役員代務者と責任役員代務者とがあります。

宗教法人法では、代務者を置くべき場合として、次の2つの場合を挙げています（法20条1項）。

① 代表役員又は責任役員が死亡その他の事由によって欠けた場合において、すみやかにその後任者を選ぶことができないとき。

② 代表役員又は責任役員が病気その他の事由によって3か月以上その職務を行うことができないとき。

代務者の選任は、宗教法人の規則に従って行われますが、代表役員代務者が就任したときは、2週間以内に、その主たる事務所の所在地において、代表役員代務者の氏名及び住所を登記しなければなりません（法52条2項6号、53条）。

3　仮代表役員・仮責任役員

代表役員は、宗教法人との利益が相反する事項については、代表権を有しないとされ、この場合には、規則で定めるところにより、仮代表役員を選任しなければならないとされています（法21条1項）。また、責任役員についても、責任役員と宗教法人との間で特別の利害関係がある事項については、責任役員は議決権を行使することができないとされています（同条2項）。

この場合において、議決権を有する責任役員の員数が責任役員の定数の過半数に満たないこととなったときには、規則で定めるところにより、その過半数に達するまでの員数以上の仮責任役員を選任しなければならないとされています（法21条2項）。

なお、仮代表役員の氏名等は登記事項とはされていません。

4 議決、諮問、監査その他の機関

　上記で述べたとおり、宗教法人の事務は責任役員会が決定することになります（法18条4項）が、責任役員会以外の議決・諮問機関を設置することができるとされ、これらの機関を設けるときは、その機関の職務権限、構成員の選任方法、議決数等について規則で規定しておくことが必要とされています（法12条1項6号）。したがって、規則において責任役員会以外の議決機関の決定が必要であると定めてある場合には、当該議決・諮問機関の決定を経なければ、法人の意思決定をすることができないと解されています（文化庁『宗教法人の事務（改訂版）』58頁（ぎょうせい））。

　包括宗教法人においては、議決機関として、宗会、宗議会、教議会、代議員会、総会等があり、諮問機関としては、参与会、評議会等があるとされます。また、単位宗教法人においては、信者総会や信者代表としての総代を設けているところがあります（前掲書）。

　また、宗教法人の適正な財務運営を図るため、監事などの監査機関を設けているものもあります。監査機関を設置する場合には、規則で規定しておく必要があります。

Q12 役員の欠格事項について、教えてください。

　宗教法人法では、次の欠格事由に該当する者は、代表役員、責任役員、代務者、仮代表役員又は仮責任役員となることができないとされています（法22条）。

① 未成年者

　民法は、「年齢20歳をもって、成年とする。」（民法4条）と規定していますので、未成年者とは、満20歳に満たない者をいいます。ただし、未成年者も、婚姻をすれば成年に達したものとみなされます（民法753条）ので、適法に婚姻した者は、未成年者でも、欠格事由には該当しないことになります。

② 成年被後見人又は被保佐人

精神上の障害により事理を弁識する能力を欠く常況にある者については、家庭裁判所は後見開始の審判をすることができるとされ（民法7条）、後見開始の審判を受けた者は、成年被後見人として、これに成年後見人が付されます（民法8条）。

また、精神上の障害により事理を弁識する能力が著しく不十分な者については、家庭裁判所は保佐開始の審判をすることができるとされ（民法11条）、保佐開始の審判を受けた者は、被保佐人として、これに保佐人が付されます（民法12条）。なお、補助の制度については、欠格事由の対象とはされていません。

③ 禁錮以上の刑に処せられ、その執行を終わるまで又は執行を受けることがなくなるまでの者

執行を受けることがなくなるとは、刑の執行猶予を受けた場合において、その執行猶予の言渡しを取り消されることなく猶予の期間を経過して、刑の言渡しが効力を失うことをいいます（刑法27条）。そのほか、執行を受けることがなくなる場合としては、大赦又は特赦により刑の言渡しが効力を失う場合も含まれると解されています（恩赦法3条、5条）。

Q13

代表役員、責任役員の選任方法について、教えてください。

1 責任役員の選任

宗教法人法は、宗教法人に必ず設置しなければならない機関として、責任役員を定めています。後で述べますが、代表役員の選任については、宗教法人法に規定がありますが（法18条2項）、責任役員の選任手続については法に規定がないため、宗教法人の規則の定めによります（法12条1項5号）。選任方法としては、例えば、仏教寺院の場合は、代表役員である住職が、法類住職、総代などの中から選任するものと定めていたり、総代会において選任するとしている場合や、包括宗教団体に

最終の任命権があると定めているような例が多くみられるとされています（文化庁『宗教法人の規則（改訂版）』24頁（ぎょうせい））。

2 代表役員の選任

宗教法人法は、代表役員は、規則に別段の定めがなければ、責任役員の互選によって定めるとしています（法18条2項）。したがって、代表役員の選任方法については、法人の規則で定めることができますが、規則に特に定めがなければ責任役員の互選によって代表役員を定めることになります。

代表役員の選任方法について、各法人の規則において多く見られるのは、宗教上の役職にあるもの、例えば、①管長であるとか住職の地位にある者をもって代表役員に充てるとするものであったり、②包括宗教団体が代表役員を任命する場合、総代会・総会で代表役員を選任する方法等があるようです（前掲書22頁参照）。

（規則の記載例）

> （資格及び選任）
> 第○条　代表役員は、この寺院の住職の職にあるものをもって充てる。
> 　　　　（代表役員は、責任役員の互選によって定める。）
> 　2　代表役員以外の責任役員は、次の各号に掲げる者とする。
> 　　(1)　この寺院の法類の住職の職にある者のうちから、代表役員が選任した者　○人
> 　　(2)　檀信徒総代のうちから、総代会において選任した者　○人

代表役員、責任役員の任期はどのようになっているのですか。

1 代表役員の任期

代表役員の任期については、宗教法人法上は特に制限されていませ

ん。したがって、規則で任期を宗教上の役職に在任中とすることも可能であるとされています。この場合には、その役職の地位を失うことにより、代表役員の地位も失うことになります。規則で任期の定めを設けていない場合には、役員の地位を辞任又は解任されるまで継続するとされています。なお、代表役員は、責任役員であることを前提としているため、責任役員としての任期が終了する場合には、代表役員の地位を失うことになります。

2 責任役員の任期

責任役員の任期については、法令に規定がないので、規則において任意にその期間を定めることができます。

（規則の記載例）

第○条　代表役員の任期は、○年とする。ただし、再任を妨げない。
　　　　（代表役員の任期は、この寺院の住職在任中とする。）
2　代表役員以外の責任役員の任期は、○年とする。ただし、再任を妨げない。
3　補欠の代表役員及び責任役員の任期は、それぞれ前任者の残任期間とする。

第3章　宗教法人の規則

Q15
宗教法人の規則とはどのようなものですか。

　宗教法人を設立しようとする者は、所定の事項を記載した規則を作成し、その規則について所轄庁の認証を受けなければならないとされています（法12条1項）。規則は、法人の管理運営を行うための組織、根本原則を定めたものであり、宗教法人の日々の管理運営は、この規則に則って行われなければならないとされています（文化庁『宗教法人の事務（改訂版）』19頁（ぎょうせい））。

　宗教法人を設立するため、規則の認証を受けようとする場合には、認証を受けようとする者が、認証申請書及び規則2通のほかに、①当該団体が宗教団体であることを証する書類、②設立の旨の公告をしたことを証する書類、③認証の申請人が宗教団体を代表する権限を有することを証する書類、④代表役員及び定数の過半数に当たる責任役員に就任を予定されている者の就任受諾書等を添えて、所轄庁に申請しなければならないとされています（法13条）。

Q16
宗教法人の規則の記載例とその留意点について説明してください。

　規則には、次の事項を記載することとされています（法12条1項）。
　規則の記載例については、次のようなモデルが公表されています。以下、代表的な規則の記載例を掲げた上で、留意点を示すこととします（文化庁『宗教法人の規則（改訂版）』ぎょうせい）。

(1) 目　的
　　宗教法人は、規則で定める目的の範囲内において権利を有し、義務を

負うとされています（法10条）。したがって、目的は、法人が活動し得る能力の範囲を定めるものであるとされています（文化庁『宗教法人の規則（改訂版）』19頁（ぎょうせい））。

なお、事業を行う場合には、目的の中にその旨を規定します。

（規則の記載例）
　（被包括宗教法人）

> 第〇条　この法人は、〇〇を本尊として、〇〇宗の教義を広め、儀式行事を行い、信者を教化育成することを目的とし、その目的を達成するために必要な業務（及び事業）を行う。

　（包括宗教法人）

> 第〇条　この法人は、宗祖〇〇の立教開宗の本義に基づき、〇〇を所依の教典として、〇〇の教義を広め、儀式行事を行い、信者を教化育成することを目的とし、寺院（教会）を包括するほか、この法人の目的達成に必要な業務（及び事業）を行う。

(2) 名　称

　現に包括宗教法人にあっては、「宗」、「教」、その他「教団」、「教会」等の文字が用いられており、単位宗教法人にあっては、「寺」、「院」「神社」、「教会」という文字が用いられているとのことです（渡部蓊『逐条解説宗教法人法　第4次改訂版』119頁（ぎょうせい））。名称使用制限については、宗教法人法以外の他の法令における禁止規定に抵触しない限り、制限はないとされています（前掲書）。

　なお、宗教法人法65条において商業登記法27条が準用されていますので、同一所在場所における同一名称の法人の登記はすることができません。

　また、宗教法人の名称については、他の法人と異なり、名称中に「宗教法人」という文字を用いなければならないとする規定も、他の法人が当該文字を用いることを禁止する規定もありません。登記実務の取扱い

では、宗教法人の名称の登記については当該宗教法人の名称をそのまま登記すべきであるとされ、当該宗教法人の名称中に「宗教法人」なる文字を用いるか否かは自由であるとされています（登記研究81号39頁）。

（規則の記載例）

> 第○条　この寺院（神社・教会・教派・宗派・教団）は、宗教法人法による宗教法人であって、○○○という。

(3)　事務所の所在地

　登記実務の取扱いでは、規則に記載すべき主たる事務所の所在地については、最小行政区画である市区町村により表示すれば足り、何丁目何番地まで表示する必要はないとされています（大正13.12.17民事第1194号回答）が、地番まで記載しても差し支えありません。
　また、包括宗教法人で本山等に事務所を置く場合には、「○○寺内」まで規定することとされています（文化庁『宗教法人の規則（改訂版）』18頁（ぎょうせい））。
　なお、従たる事務所の所在地についても規則に規定します。

（規則の記載例）

> 第○条　この宗教法人は、事務所を○○県○○市○○町○○番地（○○寺内）に置く。

（従たる事務所を置く場合の記載例）

> （事務所の所在地）
> 第○条　この宗教法人は、主たる事務所を○○県○○市○○町○○番地に置き、従たる事務所を○○県○○市○○町○丁目○番○号に置く。

(4) 包括宗教団体の名称及び宗教法人・非宗教法人の別

　　単位宗教法人において、包括する宗教団体がある場合には、当該宗教団体の名称及び当該宗教団体の宗教法人非宗教法人の別を記載します。

　　この規定は、包括宗教法人、単立宗教法人には必要ありません。

(注) 宗教法人には、単位宗教法人と包括宗教法人があり、単位宗教法人は被包括宗教法人と単立宗教法人に分類されます。

（規則の記載例）

> 第○条　この法人の包括宗教団体は、宗教法人○○宗（教）とする。

(5) 代表役員、責任役員、代務者、仮代表役員及び仮責任役員の呼称、資格及び任免並びに代表役員についてはその任期及び職務権限、代務者についてはその職務権限に関する事項

　　責任役員については、その資格、任免、員数、任期及び職務権限並びに特別の呼称があれば、その呼称を記載します。代表役員については、選任方法について、規則に別段の定めがなければ、責任役員の互選により定めるとされています（法18条2項）。

　　なお、宗教法人法では、責任役員会については法人の機関として設置するとは定めていませんが、「責任役員は、責任役員会を組織し、一堂に会してお互いによくその意見を述べ、意思の調整を図り、宗教法人としての事務を決定していくのがその基本的なあり方である。」（文化庁『宗教法人の規則（改訂版）』26頁以下（ぎょうせい））とのことから、公表されている規則のモデルにおいては、責任役員会の職務権限として示されています。

　　また、代務者については、資格、任免、職務権限を記載し、仮代表役員、仮責任役員については資格、任免について記載するものとされています。なお、特別の呼称がある場合には、その呼称を記載します。

(規則の記載例)

　　　（員数及び呼称）
　第○条　この法人には、○人の責任役員を置き、そのうちの1人を代表役員とする。
　2　代表役員を○○といい、責任役員を○○という。
　　（資格及び選任）
　第○条　代表役員は、この寺院の住職の職にあるものをもって充てる。
　　　　（代表役員は、責任役員の互選によって定める。）
　2　責任役員は、次の各号に掲げる者とする。
　　(1)　責任役員は、○○宗（教）の規定により、この寺院（神社、教会）の住職（宮司、主任牧師、教会長）の職にある者　○人
　　(2)　この寺院の法類及び組寺の住職の職にある者のうちから、代表役員が選任した者　○人
　　(3)　○○のうちから、総代会において選任した者　○人
　　（任期）
　第○条　代表役員の任期は、○年とする。ただし、再任を妨げない。
　　　　　　（代表役員の任期は、この寺院の住職在任中とする。）
　2　代表役員以外の責任役員の任期は、○年とする。ただし、再任を妨げない。
　3　補欠の代表役員及び責任役員の任期は、前任者の残任期間とする。
　4　代表役員及び責任役員は、辞任又は任期満了後でも、後任の役員又は代務者が就任するときまで、なおその職務を行うものとする。
　　（代表役員の職務権限）
　第○条　代表役員は、この法人を代表し、その職務を総理する。
　　（責任役員会及びその職務権限）
　第○条　責任役員は、責任役員会を組織し、次の各号に掲げるこの法人の事務を決定する。
　　(1)　予算の編成
　　(2)　決算の承認
　　(3)　歳計剰余金の処置
　　(4)　特別財産及び基本財産の設定及び変更
　　(5)　不動産及び重要な動産に係る取得、処分、担保の提供、その他重要な行為
　　(6)　主要な境内建物の新築、改築、増築、移築、模様替え及び用途変更等
　　(7)　境内地の模様替え及び用途変更等
　　(8)　借入れ及び保証

⑼　事業の管理運営
　　　⑽　規則の変更並びに細則の制定及び改廃
　　　⑾　合併並びに解散及び残余財産の処分
　　　⑿　その他法人の事務のうち、重要な事項
　　2　責任役員会は、代表役員が招集する。(ただし、責任役員の定数の過半数から招集を請求されたときは、代表役員は、速やかに招集しなければならない。)
　　3　責任役員会の議事は、この規則に別段の定めがある場合を除くほか、責任役員の定数の過半数で決する。
　　4　責任役員会における責任役員の議決権は、各々平等とする。
　　5　会議には、議事録を作成しておくものとする。
　（代務者）
第○条　次の各号の一に該当するときは、代務者を置かなければならない。
　　⑴　代表役員又は責任役員が死亡その他の事由によって欠けた場合において、すみやかにその後任者を選ぶことができないとき。
　　⑵　代表役員又は責任役員が病気その他の事由によって3か月以上その職務を行うことができないとき。
　　2　代表役員の代務者は、前項第1号に該当するときは、○○者のうちから責任役員会において選任し、同項第2号に該当するときは、○○者のうちから代表役員が選任する。
　　3　代表役員以外の責任役員の代務者は、○○者のうちから、責任役員会において選任する。
　（代務者の職務権限）
第○条　代務者は、代表役員又は責任役員に代わって、その職務の全部を行う。
　　2　代務者は、その置くべき事由がなくなったときは、当然退任するものとする。

⑹　**仮代表役員・仮責任役員**

　　仮代表役員及び仮責任役員は、代表役員又は責任役員と宗教法人との利害が対立し、利益が相反する事項の決定を当該代表役員又は責任役員に代わって行います。
　　仮代表役員及び仮責任役員の資格及び選任方法は、規則で定めることとされています。仮責任役員は、規則に別段の定めがなければ、ある議

案について、議決権を有する責任役員の員数が定数の過半数に満たないこととなったときは、規則で定めるところにより、その過半数に達するまでの員数以上の仮責任役員を選定します（法21条2項）。なお、仮代表役員及び仮責任役員は、原因となる事由が終了すれば当然に退任するとされています。

　仮代表役員の氏名等は登記事項ではありません。

(規則の記載例)

>　（選定）
>　第○条　代表役員又はその代務者は、この法人と利益が相反する事項については、代表権を有しない。この場合においては、○○者のうちから、責任役員会において仮代表役員を選定しなければならない。
>2　責任役員又はその代務者は、その責任役員又は代務者と特別の利害関係がある事項については、議決権を有しない。この場合において、議決権を有する責任役員又はその代務者の員数が責任役員会における当該事項に係る議決権に満たないこととなったときは、○○者のうちから、責任役員会においてその議決数に達するまでの員数以上の仮責任役員を選定しなければならない。
>　（職務権限）
>　第○条　仮代表役員又は仮責任役員は、前条に規定する事項について当該代表役員若しくは責任役員又はその代務者に代わってその職務を行う。

(7) その他の議決、諮問機関に関する事項

　宗教法人の事務は、責任役員会が決定しますが、法人の円滑な運営を図るため、包括宗教法人においては、議決機関として、宗会、宗議会や代議員会等が置かれ、単位宗教法人では、信者総会や信者代表としての総代が設けられており、総代で組織する総代会が置かれています。

　総代会が置かれている場合には、宗教法人の予算、決算、財産処分、規則変更等法人の重要な事務について総代の同意を要するものとしている例が多いとされています（文化庁『宗教法人の事務（改訂版）』60頁（ぎょうせい））。また、宗教法人の規則では、総代から組織される総代会

に対して責任役員の選考機関としての位置付けが与えられている場合もあります。これは、責任役員等が独善に陥って氏子や檀家の意思を無視して暴走することを防ぐための現実的な措置と考えられています。

　これらの機関を設置する場合は、職務権限、構成員の選任方法、任期、定数、議決権数等について規則で定めておくことが必要であるとされています（法12条1項6号）。

（規則の記載例）

　　（総代）
　第○条　この法人に、総代○人を置く。
　2　総代は、信者で衆望の帰するもののうちから責任役員会において選定し、代表役員が任命する。
　3　総代の任期は、○年とする。ただし、再任を妨げない。
　　（総代会）
　第○条　総代は、総代会を組織し、次の各号に掲げる事項について議決する。
　　(1)　予算の編成
　　(2)　決算の承認
　　(3)　歳計剰余金の処置
　　(4)　特別財産及び基本財産の設定及び変更
　　(5)　不動産及び財産目録に掲げる宝物に係る処分、担保の提供等
　　(6)　借入及び保証
　　(7)　規則の変更、合併及び解散
　　(8)　その他この規則に定める事項
　2　総代会は、代表役員が招集する。
　3　総代会の議事は、この規則に別段の定めがある場合を除くほか、定数の過半数で決する。
　4　会議には、議事録を作成しておくものとする。

⑻　公益事業、公益事業以外の事業の種類及び管理運営に関する事項

　宗教法人は、宗教法人の本来の事業を行うほかに、公益事業を行うことができ、また、目的に反しない限り、公益事業以外の事業を行うこともできます（法6条）。宗教法人が公益事業、公益事業以外の事業を行

う場合には、その種類及び管理運営（公益事業以外の事業を行う場合には、収益処分の方法を含む。）に関する事項を規定しなければならないとされています。

⑼ 基本財産、宝物その他の財産の設定、管理及び処分、予算、決算及びその他の財務に関する事項

　基本財産とは、宗教活動を行っていく上に必要な財政的基礎となるもので、境内地や境内建物のほか、基本財産として設定されている一定の基金がこれに該当するものとされています。また、法人が自ら選定した仏像等の宝物については、財産目録中では特別財産として取り扱われます。その他の財産とは、基本財産や特別財産以外の財産で、宗教法人の通常の活動に要する費用に充当すべき財産であるとされています（文化庁『宗教法人の事務（改訂版）』43頁（ぎょうせい））。

　財産の設定、管理に関する事項や財産の処分に関する事項は、規則に記載しなければなりません。したがって、宗教法人がこれらの行為を行おうとするときは、この規則に則って行わなければなりません。

⑽ 規則の変更に関する事項

　規則の変更の手続を規定します。規則の変更手続をどのように定めるかは、各宗教法人の自主性に委ねられています。一般に、責任役員会の議決及び総代会や信者総会等の議決を必要とする例が多く、かつ、その議決要件についても、通常の事務決定の議決要件を加重したものが多く見受けられるとのことです（文化庁『宗教法人の事務（改訂版）』78頁（ぎょうせい））。規則変更の手続が完了したら、所轄庁の認証を受けなければなりません（法26条1項）。

（規則の記載例）

> 第○条　規則を変更しようとするときは、責任役員会及び総代会においてそれぞれ定数の3分の2以上の議決を経た上、（○○宗の代表役員の承認及び）所轄庁の認証を受けなければならない。

⑾ 解散の事由、清算人の選任及び残余財産の帰属に関する事項

　宗教法人法は、「宗教法人は、任意に解散することができる。」と規定

しています（法43条1項）。いわゆる、任意解散といわれものです。
　宗教法人は、任意解散をしようとするときは、規則に別段の定めがないときは、責任役員会の議決が必要であるとされています（法44条2項、19条）。各法人の規則の中に解散の手続が定められているときは、その手続に従わなければならないことになります。
　一般に、宗教法人にとって解散は、重要な事項ですので、その手続は、通常の宗教法人の意思決定の要件よりも相当厳しくしている例が多く見受けられるようです。
　また、解散した宗教法人の残余財産の処分は、規則で定めるところによるとされています。規則に定めがないときは、他の宗教団体又は公益事業のためにその財産を処分することができるとされ、処分されない財産は、国庫に帰属するとされています（法50条）。

（規則の記載例）

> （解散・財産の帰属）
> 第○条　この法人が解散しようとするときは、総代会において定数の3分の2以上の議決及び責任役員会において定数の全員の議決を経た上（○○宗の代表役員の承認及び）、所轄庁の認証を受けなければならない。
> 2　法人の残余財産は、宗教法人○○宗に帰属する。
> 　（この法人の残余財産は、責任役員会の定数の3分の2以上の議決により選定した宗教法人に帰属する。）

⑿　公告の方法

　宗教法人の公告は、①宗教法人を設立する場合（法12条3項）、②財産処分等を行う場合（法23条）、③被包括関係の設定・廃止に係る規則変更（法26条2項）、④合併（法34条、35条3項、36条）、⑤解散（法44条2項）を行う場合において、適切な方法により、信者その他の利害関係人にその旨を周知することを目的として行われます。
　公告の方法について、宗教法人法は、「宗教法人の公告は、新聞紙又は当該宗教法人の機関紙に掲載し、当該宗教法人の事務所の掲示場に掲

示し、その他当該宗教法人の信者その他の利害関係人に周知させるに適当な方法でするものとする。」と定められています（法12条2項）。

（規則の記載例）

> 第○条　この法人の公告は、事務所の掲示場に10日間掲示して行う。

⑬　**宗教団体を制約し、又は他の宗教団体によって制約される事項**

　宗教法人法は、特定の事項について、他の宗教団体を制約し、又は他の宗教団体によって制約される事項を定めた場合には、その事項を規則に記載しなければならないとしています（法12条1項12号）。

　例えば、被包括宗教法人が包括宗教団体から受けている制約事項としては、包括宗教団体の代表役員による被包括宗教法人の代表役員や責任役員の任免、規則の変更、財産処分、合併又は任意解散について、包括宗教団体の承認を要するとされているような事項があります。このような制約事項については、包括宗教団体及び被包括宗教法人の相互の規則に定めておく必要があるとされています（宗教法制研究会編『宗教法人の法律相談』23頁（民事法情報センター））。

　なお、このような制約事項が包括宗教団体の規則にあるときは、被包括宗教法人の規則中にも具体的に規定しなければなりませんが、煩雑なため、包括的な規定を設けておくことができるとされています（文化庁『宗教法人の規則（改訂版）』56頁（ぎょうせい））。

（規則の記載例）

> 　（包括宗教団体の規則等の効力）
> 第○条　○○宗（教）の規則及び規定のうち、この法人に関係のある事項に関する規定は、この規則に定めるもののほか、この法人についても、その効力を有する。

第4章
登記申請の手続及び方法

Q17

登記申請書の提出先及び提出方法について、教えてください。

1　申請書類等の提出先

　宗教法人の登記については、その事務所の所在地を管轄する法務局若しくは地方法務局又はこれらの支局若しくはこれらの出張所が管轄登記所になります（法62条1項）。ただし、法務局及び地方法務局においては、商業法人登記に係る管轄を法務局若しくは地方法務局のいわゆる本局等に集中させていますので、申請する際には留意する必要があります。

2　登記申請書類の提出方法

　登記の申請は、当事者又はその代理人が、①登記申請書及びその添付書類（以下「申請書類」という。）を登記所に持参して提出する方法、②申請書類を郵送により提出する方法、③インターネットを利用したオンラインによって登記申請情報を送信する方法があります（法65条、商業登記法17条、行政手続等における情報通信の技術の利用に関する法律3条、各種法人等登記規則5条、商業登記規則101条）。

　オンラインによる登記申請をする場合は、申請用ソフトを利用して作成した申請書情報とその登記の申請に必要な添付書面情報とを法務省の登記・供託オンライン申請システムに送信してすることになります。

3　登記事項の提出方法

(1)　インターネットを利用したオンライン申請の方法

　インターネットを利用したオンラインによる登記申請は、登記申請書に記載すべき事項に係る情報に申請人又は代理人が電子署名を付し、添付書面に代わるべき情報に作成者の電子署名が付されたものとともに、登記・供託オンライン申請システムを経由して、登記所に送

35

信します。なお、登記所に提出する添付書類が電磁化されていない場合は、添付書面情報の送信に代えて、電磁化されていない書類を、登記所に提出するか、送付することが認められています（各種法人等登記規則5条、商業登記規則102条2項ただし書）。

(2) **オンライン申請システムにより登記事項のみを提出する方法**

　登記・供託オンライン申請システムを利用して、登記すべき事項（登記事項）のみをあらかじめオンラインで登記所に送信することが認められています（平成23.7.13民商第1680号民事局長通達）。この取扱いは、行政手続等における情報通信の技術の利用に関する法律3条1項に規定する電子情報処理組織を使用してする登記の申請ではなく、書面申請の一類型であると解されていますので、登記事項提出書の送信に当たり、電子署名を行うことを要せず、当該電子署名に係る電子証明書を併せて送信することも要しないとされています（民事月報66巻8号9頁参照）。登記の申請は、別途書面によってする必要があります。

(3) **磁気ディスクに記録して提出する方法**

　書面による申請の場合でも、登記すべき事項（登記事項）については、登記申請書への記載に代えて、磁気ディスク（法務省令で定める電磁的記録に限ります。）であるCD-R又はFD（フロッピーディスク）に記録し、これを登記所に提出することができます。（法65条、商業登記法17条4項）。この制度は、磁気ディスク自体が申請書の一部となりますので、磁気ディスクの内容を別途印刷して添付する必要はありません。

(4) **OCR用紙に記載して提出する方法**

　登記申請書の別紙として、OCR用紙に登記事項を記載することができます、この場合には、登記事項を申請書に記載する必要はなく、申請書の登記すべき事項欄に「別添OCR用紙記載のとおり」と記載します。

(5) **登記申請書に記載して提出する方法**

　登記事項を直接、登記申請書の登記すべき事項欄に記載します。

第4章　登記申請の手続及び方法

Q18 オンラインによる登記の申請手続を簡単に説明してください。

1　オンライン申請をする場合は、申請用総合ソフト等（法務省が提供する登記・供託オンライン申請システムで取り扱う手続の全てを行うことができるソフトウェア及び民間事業者が登記・供託オンライン申請システムを利用するために作成したソフトウェアをいう。）を利用して作成した申請書情報及び登記の申請に必要な添付書面情報とを登記・供託オンライン申請システムに送信してする必要があります。申請用総合ソフトは、登記・供託オンライン申請システムのホームページからダウンロードすることができます。

2　オンライン申請手続の流れは、まず、登記の申請書情報を作成します。作成した申請書情報には、申請人又はその代理人の電子署名を行う必要があります。次に、添付書面情報を作成します。この添付書面情報には、作成者の電子署名を行う必要があります。添付書面が電磁的記録により作成されていない場合には、書面での提出又は送付も認められます。

　申請書情報及び添付書面情報の作成が完了したら、それらを登記・供託オンライン申請システムに送信します。なお、申請書情報及び添付書面情報を登記・供託オンライン申請システムに送信するには、申請人又はその代理人は、あらかじめ、電子証明書を取得し、その電子証明書を申請書情報及び添付書面情報と共に送信する必要があります。

　なお、登記の申請書に押印すべき者は、遅くとも登記申請書の提出と同時に、その印鑑を主たる事務所の所在地を管轄する登記所に提出しなければならないとされています（法65条、商業登記法20条）が、印鑑の提出は、オンラインではできませんので、別途、管轄する登記所に印鑑届書を提出又は送付しなければなりません。

3　また、主たる事務所の所在地においてする登記の申請と従たる事務所の所在地においてする登記の申請とを、一括して、主たる事務所の所在地を管轄する登記所に対して行うことができる、いわゆる主従事務所一

括申請についてもオンラインにより登記申請をすることができます（法65条、商業登記法49条）。この場合には、歳入金電子納付システムを利用して登記手数料を納付することができます。

Q19 主たる事務所の所在地においてする登記の申請と従たる事務所の所在地においてする登記の申請とを、一括申請することができますか。

1　主たる事務所の所在地と従たる事務所の所在地においてする登記の一括申請

主たる事務所の所在地においてする登記の申請と従たる事務所の所在地においてする登記の申請とを、一括して、主たる事務所の所在地を管轄する登記所を経由して行うことができます（法65条、商業登記法49条1項。以下、「一括登記申請」という。）。この場合には、所定の手数料（1件につき300円の収入印紙（登記手数料令12条））を納付する必要があります。

(1)　書面登記申請の場合

書面で一括登記申請を行う場合には、従たる事務所の所在地においてする登記の申請と主たる事務所の所在地においてする登記の申請は、同一の書面で同時に申請しなければなりません（法65条、商業登記法49条3項、各種法人等登記規則5条、商業登記規則63条1項）。

なお、一括登記申請による従たる事務所の所在地においてする登記の申請には、添付書面に関する規定が適用されませんので、何ら書面の添付を要しません（法65条、商業登記法49条4項）。

また、一括登記申請をする場合における登記申請書の従たる事務所の記載は、その所在地を管轄する登記所ごとに整理して記載しなければならないとされています（各種法人等登記規則5条、商業登記規則63条2項）。

(2)　オンライン登記申請の場合

オンライン登記申請で一括登記申請を行う場合には、申請用総合ソ

フトの申請書様式から、当該登記申請に対応した申請書様式を用いて行います。登記手数料については、歳入金電子納付システムによる納付が可能です。

2 一括登記申請ができる登記の手続
(1) 設立の登記
　宗教法人の設立の登記は、規則の認証書の交付を受けた日から2週間以内に、主たる事務所の所在地においてしなければなりませんし（法52条1項）、宗教法人の設立に際して従たる事務所を設けた場合は、主たる事務所の所在地における設立の登記をした日から2週間以内に、当該従たる事務所の所在地において、従たる事務所の所在地における登記をしなければならないとされています（法59条1項1号）。
　そして、宗教法人の設立に際して従たる事務所を設けた場合には、主たる事務所の所在地においてする登記の申請と従たる事務所の所在地においてする登記の申請とを、一括して、主たる事務所の所在地を管轄する登記所に対して行うことができます。この場合には、主たる事務所の所在地を管轄する登記所から従たる事務所の所在地を管轄する登記所へ通知するために要する費用として、登記手数料を納付する必要があります（法65条、商業登記法49条5項）。なお、登記手数料は、従たる事務所の所在地における登記申請件数1件につき300円です（登記手数料令12条）。

(2) 名称の変更の登記
　宗教法人が従たる事務所を設けた場合における、従たる事務所の所在地において登記すべき事項は、①名称、②主たる事務所の所在地、③従たる事務所（その所在地を管轄する登記所の管轄区域内にあるものに限る。）であり、これらの事項に変更が生じたときは、主たる事務所の所在地においては2週間以内に、また、変更が生じた日から3週間以内に、従たる事務所の所在地においても変更の登記をしなければなりません（法53条、59条）。
　主たる事務所の所在地を管轄する登記所に名称の変更の登記を申請する場合に、他の登記所の管轄区域内に従たる事務所が登記されている場合は、主たる事務所の所在地においてする登記の申請と従たる事務所の所在地においてする登記の申請とを、一括して、主たる事務所

の所在地を管轄する登記所に対して行うことができます。

(3) 主たる事務所の移転登記

　　主たる事務所を登記所（A）の管轄区域外である登記所（B）の管轄区域内へ移転した場合には、主たる事務所の新所在地（B登記所）及び旧所在地（A登記所）のほか、従たる事務所の所在地（C登記所）においても、主たる事務所の移転登記をする必要があります。

　　この場合に、主たる事務所の旧所在地（A登記所）における登記の申請書と新所在地（B登記所）における登記の申請書とを同時に旧所在地を管轄する登記所（A）に提出することが必要ですが（法65条、商業登記法51条1項・2項）、これと併せて、従たる事務所においてする主たる事務所の移転登記（C登記所の分）も、主たる事務所の旧所在地を管轄する登記所（A）経由で一括登記申請することができます。

(4) 従たる事務所の設置の登記

　　宗教法人の成立後に、主たる事務所を登記している登記所の管轄区域外の登記所の管轄区域内に従たる事務所を設けた場合は、主たる事務所の所在地のほか、設置に係る当該従たる事務所の所在地において、従たる事務所の所在地における登記をしなければなりません（法53条、59条1項3号・2項）。この場合には、所定の手数料を納付して、主たる事務所の所在地を管轄する登記所を経由して、従たる事務所の設置の登記を一括申請することができます。

(5) 従たる事務所の移転の登記

　　宗教法人がその従たる事務所を他の登記所の管轄区域内に移転したときは、主たる事務所の所在地のほか、従たる事務所の旧所在地においては移転の登記をし、新所在地においては、従たる事務所の所在地における登記をしなければなりません（法53条、59条2項3号・3項、60条）。この場合には、その従たる事務所が、主たる事務所の所在地を管轄する登記所の管轄区域外の登記所の管轄区域内にあるときは、所定の手数料を納付して、主たる事務所の所在地を管轄する登記所を経由して、従たる事務所の所在地を管轄する登記所においてする従たる事務所の移転の登記を一括申請することができます。

(6) 従たる事務所の廃止の登記

　従たる事務所の廃止をした場合には、主たる事務所の所在地のほか、廃止に係る当該従たる事務所所在地においても、その登記をする必要があります。従たる事務所が、主たる事務所の所在地を管轄する登記所の管轄区域外の登記所の管轄区域内にあるときは、主たる事務所の所在地を管轄する登記所を経由して、従たる事務所の所在地を管轄する登記所においてする従たる事務所の廃止の登記を一括申請することができます。

(7) 清算結了の登記

　宗教法人の清算が結了したときは、主たる事務所及び従たる事務所の所在地において、清算結了の登記をしなければなりません（法58条、61条）。

　従たる事務所が、主たる事務所の所在地を管轄する登記所の管轄区域外の登記所の管轄区域内にあるときは、主たる事務所の所在地を管轄する登記所を経由して、従たる事務所の所在地を管轄する登記所においてする清算結了の登記を一括申請することができます。

第5章　設立の登記

1　設立の手続

Q20
宗教法人を設立したいのですが、その手続を教えてください。

1　概　説

　宗教法人法では、宗教法人とは、宗教団体が礼拝の施設その他の財産を所有し、これを維持運用し、その他その目的達成のための業務及び事業を運営することに資するため、宗教団体に法律上の能力を与えるものとされています（法1条）。したがって、宗教法人となるためには、宗教団体としての実態を有し、宗教活動の実績のあることが必要とされています。

　宗教法人法における宗教団体とは、宗教の教義を広め、儀式行事を行い、信者を教化育成することを主たる目的とした、①礼拝の施設を備える神社、寺院、教会、修道院その他これらに類する団体、及び②①に掲げる団体を包括する教派、宗派、教団、教会、修道会、司教区その他これらに類する団体をいいます（法2条）。

　宗教団体が法人となるためには、所定の事項を記載した規則を作成し、その規則について所轄庁の認証を受けなければなりません（法12条1項）。宗教法人は、所轄庁の規則の認証を得た後に、その主たる事務所の所在地において設立の登記をすることによって成立します（法15条）。

2　設立の手続

　宗教法人の設立の手続は、次の図表のとおりです。

「図表―宗教法人の設立手続」
① 宗教法人を設立しようとする者による規則の作成（法12条1項）

　　　　↓
②　設立会議の議決
　　（包括宗教団体の承認）
　　　　↓
③　設立公告（法12条3項）
　　　　↓
④　規則認証申請（法13条）
　　　　↓
⑤　認証（法14条）
　　　　↓
⑥　設立登記（法15条、52条）
　　　　↓
⑦　登記の届出（法9条）

(1)　**宗教法人の規則の作成**

　宗教法人を設立しようとする者は、以下に掲げる事項を記載した規則を作成し、その規則について所轄庁の認証を受けなければなりません（法12条1項）。

ア　目的
イ　名称
ウ　事務所の所在地
エ　設立しようとする宗教法人を包括する宗教団体がある場合には、その名称及び宗教法人非宗教法人の別
オ　代表役員・責任役員等に関する事項
　　①　代表役員については、その呼称、資格及び任免並びに任期及び職務権限
　　②　責任役員については、その呼称、資格及び任免並びにその員数、任期及び職務権限
　　③　代務者については、その呼称、資格及び任免並びに職務権限
　　④　仮代表役員及び仮責任役員については、その呼称、資格及び任免
カ　オに掲げる機関のほか、議決、諮問、監査その他の機関がある場合には、その機関に関する事項

キ　公益事業、公益事業以外の事業を行う場合には、その種類及び管理運営（公益事業以外の事業を行う場合には、収益処分の方法を含む。）に関する事項

ク　基本財産、宝物その他の財産の設定、管理及び処分（法23条ただし書の規定の適用を受ける場合に関する事項を定めた場合には、その事項を含む。）、予算、決算及び会計その他の財務に関する事項

ケ　規則の変更に関する事項

コ　解散の事由、清算人の選任及び残余財産の帰属に関する事項を定めた場合には、その事項

サ　公告の方法

シ　オからサまでに掲げる事項について、他の宗教団体を制約し、又は他の宗教団体によって制約される事項を定めた場合には、その事項

ス　アからシまでに掲げる事項に関連する事項を定めた場合には、その事項

(2)　**設立会議による議決（包括宗教団体の承認）**

　　規則案が作成されたら、宗教法人を設立しようとする者が集まって、設立発起人会（設立会議）を開催し、設立と規則案の承認及び役員就任予定者の任命などに関する設立会議を開催し、議決します。なお、包括宗教団体がある場合は、宗教法人となることについて包括宗教団体の承認を得る必要があります（文化庁『宗教法人の事務（改訂版）』21頁（ぎょうせい））。

(3)　**規則の公告**

　　宗教法人を設立しようとする者は、規則を作成し、設立会議の議決を経たら、認証申請の少なくとも1か月前に、信者その他の利害関係人に対し、規則の案の要旨を示して、宗教法人を設立しようとする旨を公告しなければなりません（法12条3項）。公告は、作成した規則に記載した方法によることになります。具体的には、新聞紙又は機関紙に掲載するか、あるいは、事務所の掲示場への掲示などの方法によることになります（同条2項・3項）。

(4)　**規則認証申請**

　　所轄庁の設立認証を受けようとする者は、認証申請書及び規則2通

のほかに、次に掲げる書類を添えて、所轄庁に申請しなければならないとされています（法13条、文化庁『宗教法人の事務（改訂版）』22頁（ぎょうせい））。

ア　当該団体が宗教法人であることを証する書類
イ　公告をしたことを証する書類
ウ　認証の申請人が当該団体を代表する権限を有することを証する書類
エ　代表役員及び責任役員に就任を予定されている者の承諾書
オ　エの役員に就任を予定されている者が欠格条項に該当しないことを称する書類
カ　公益事業その他の事業に関する書類
キ　宗教法人設立決議録等宗教団体の意思決定に関する書類
ク　包括宗教団体の規則等における被包括宗教法人設立に関する手続を経たことを証する書類

(5) **規則の認証**

ア　認証の申請を受けた所轄庁は、申請書類に形式上の不備がなければ申請を受理し、その受理の日を付記した書面でその旨を申請者に通知し、申請を受理した日から3か月以内に、次に掲げる要件を備えているかどうかを審査します（法14条1項）。
　① 当該団体が宗教団体であること。
　② 当該規則が宗教法人法その他の法令の規定に適合していること。
　③ 当該設立の手続が、法12条の規定に従ってなされていること。

イ　所轄庁は、上記要件を備えていると認めたときはその規則を認証する旨の決定をし、これらの要件を備えていないと認めたとき又は受理した規則及びその添付書類の記載によっては要件を備えているかどうかを確認することができないときはその規則を認証することができない旨の決定をします（法14条1項）。なお、所轄庁は、不認証の決定をしようとするときは、あらかじめ申請者に対し相当の期間内に意見を述べる機会を与えなければならないとされています（同条2項）。

　　所轄庁は、認証する旨の決定をしたときは、申請者に認証書及び

認証した旨を付記した規則を交付し、認証をすることができない旨の決定をしたときは、申請者にその理由を付記した書面で、その旨を通知しなければならないとされています（同条4項）。

(6) **設立登記**

宗教法人は、所轄庁による規則の認証を受けただけでは成立しません。宗教法人は、規則について所轄庁の認証を受け、その認証書の交付を受けた後、主たる事務所の所在地において設立の登記をすることによって成立します（法15条）。なお、宗教法人の設立の登記は、規則の認証書の交付を受けた日から2週間以内にしなければならないとされています（法52条1項）。

(7) **登記の届出**

宗教法人は、設立の登記をしたときは、遅滞なく、登記事項証明書を添えて、その旨を所轄庁に届け出なければならないとされています（法9条）。

Q21
宗教法人の名称には、何か制限がありますか。

宗教法人は、その名称中に、「宗教法人」の文字を用いなければならないとされていませんので、宗教法人の名称中に「宗教法人」という文字を用いるか否かは、自由です（登記研究81号39頁）。

ただし、他の宗教法人が既に登記した名称と同一の名称を用い、かつ、その主たる事務所の所在場所が当該他の宗教法人の主たる事務所の所在場所と同一であるときは、その名称の登記をすることができないとされています（法65条、商業登記法27条）。

2 設立の登記

Q22 宗教法人の設立登記の手続を教えてください。

　宗教法人の設立の登記は、宗教法人を代表すべき者、すなわち代表役員の申請によってします（法63条1項）。

1 登記期間

　宗教法人の設立の登記は、規則の認証書の交付を受けた日から2週間以内に、主たる事務所の所在地においてしなければなりません（法52条1項）。なお、宗教法人の設立に際して従たる事務所を設けた場合は、主たる事務所の所在地における設立の登記をした日から2週間以内に、当該従たる事務所の所在地において、従たる事務所の所在地における登記をしなければならないとされています（法59条1項1号）。

2 登記事項

　宗教法人の設立の登記においては、次に掲げる事項を登記しなければならないとされています（法52条2項）。

(1) 目的（法6条の規定による事業を行う場合には、その事業の種類を含む。）

　宗教法人は、その目的を規則に定めることとされているので、規則に定められた目的を登記します。また、宗教法人は、公益事業を行うことができ、その目的に反しない限り、公益事業以外の事業を行うこともできますので、これらの事業を行う場合には、事業の種類を規則に記載し、登記することになります。

(2) 名　称

　宗教法人は、その名称中に、「宗教法人」という文字を用いなければならないとされていないため、宗教法人の文字を用いるか否かは、自由です。

(3) 事務所の所在場所

　主たる事務所及び従たる事務所の具体的な所在地番まで登記する必要があります。

(4) 宗教法人を包括する宗教団体がある場合には、その名称及び宗教法人非宗教法人の別

　宗教法人には、単位宗教法人と包括宗教法人があり、単位宗教法人は被包括宗教法人と単立宗教法人に分類されます。単位宗教法人のうち、包括宗教法人若しくは包括宗教団体がある場合には、その名称及び宗教法人非宗教法人の別を登記します。

(5) 基本財産がある場合には、その総額

　基本財産は、宗教法人の業務や事業を維持運営するための基礎となるべき財産であり、一定の手続（例えば、責任役員会及び総代会の議決）によって設定されたものをいいます。基本財産を設定した場合には、その評価額の総額を登記します。

(6) 代表権を有する者の氏名、住所及び資格

　代表役員が宗教法人を代表することとなるので（法18条3項）、代表役員の氏名、住所及び資格を登記しなければなりません。なお、資格は、「代表役員」と登記することになります。

(7) 規則で境内建物若しくは境内地である不動産又は財産目録に掲げる宝物に係る法23条1号に掲げる行為に関する事項を定めた場合には、その事由

(8) 規則で解散の事由を定めた場合には、その事由

　解散の事由を規則で定めた場合には、その事項を登記します。

(9) 公告の方法

　宗教法人は、公告方法として、新聞紙又は宗教法人の機関紙に掲載し、又は当該宗教法人の事務所の掲示場に掲示し、その他当該宗教法人の信者その他の利害関係人に周知させるに適当な方法でするものとされています（法12条2項）。宗教法人が公告の方法を規則で定めたときは、その事項を登記します。

3　添付書類

　主たる事務所の所在地においてする宗教法人の設立の登記の申請書には、次の書類を添付しなければならないとされています（法63条2項）。

(1) 所轄庁の証明がある認証を受けた規則の謄本
(2) 所轄庁の証明がある認証書の謄本
(3) 宗教法人を代表すべき者の資格を証する書類

ア 責任役員の選任を証する書面
　　責任役員の選任方法は、規則記載事項ですから、規則に定める手続によって選任されたことの証明書を添付します。例えば、総代会議事録、包括宗教団体の代表者の承認書等が該当します。
イ 代表役員の選任を証する書面
　① 設立当初の代表役員が規則に定められているときは、規則を添付することになります。
　② 規則の定めにより総代会で代表役員を選任したときは、総代会議事録を添付します。
　③ 規則に選任方法の定めがないとき又は規則に責任役員会で選任する旨の定めがある場合には、責任役員会議事録又は互選書を添付します。
　④ 包括宗教団体の代表者が任命するときは、当該任命書等を添付します。
ウ 代表役員の就任承諾書
エ 代理権限を証する書面（法65条、商業登記法18条）

申請書書式
（宗教法人の主たる事務所の所在地においてする設立登記）

```
　　　　　　　　　　　宗教法人設立登記申請書
1　名　　　　称　　　○○寺
1　主 た る 事 務 所　東京都台東区浅草一丁目1番1号
1　登 記 の 事 由　　平成○○年○○月○○日設立の手続終了
　　　　　　　　　　　　　　　　　　　　　　　　　　（注1）
1　認証書到達の年月日　平成○○年○○月○○日
1　登 記 す べ き 事 項　別添 CD-R のとおり（注2）
1　添 付 書 類　　　規則の謄本　　　　　1通
　　　　　　　　　　認証書の謄本　　　　1通
　　　　　　　　　　総代会議事録　　　　1通（注3）
　　　　　　　　　　責任役員会議事録　　1通（注4）
　　　　　　　　　　代表役員の就任承諾書　1通（注5）
　　　　　　　　　　委任状　　　　　　　1通（注6）
```

> 上記のとおり登記の申請をします。
>
> 　平成○○年○○月○○日
>
> 　　　　　　　　　東京都台東区浅草一丁目1番1号
> 　　　　　　　　　申 請 人　　○○寺
> 　　　　　　　　　東京都墨田区墨田一丁目1番1号
> 　　　　　　　　　代表役員　　甲　山　一　郎　㊞（注7）
> 　　　　　　　　　東京都豊島区東池袋一丁目1番1号
> 　　　　　　　　　代 理 人　　山　川　太　郎　㊞（注8）
> 　　　　　　　　　連絡先の電話番号　○○○－○○○－○○○○
>
> 東京法務局台東出張所　御中

（注1）設立手続終了の日は、設立認証書到達の日を記載します。
（注2）登記すべき事項については、磁気ディスク（法務省令で定める電磁的記録に限る。）であるCD-R又はFD（フロッピーディスク）に記録し、これを登記所に提出することができます。この場合には、登記すべき事項を登記申請書に記載する必要はありません（法65条、商業登記法17条4項）。登記申請書の登記すべき事項欄に「別添CD-R（FD）のとおり。」と記載します。
（注3）代表役員に就任した者が責任役員に選任されたことを証するために添付します。
（注4）代表役員に選定されたことを証するために、代表役員の選定に関する責任役員会の議事録を添付します。
（注5）代表役員の就任承諾書は、被選任者が、責任役員会の席上で就任を承諾し、その旨が議事録の記載から明らかな場合は、「就任承諾書は、責任役員会の議事録の記載を援用する。」と記載すれば、就任承諾書の添付は必要ありません。
（注6）代理人に登記申請を委任した場合に添付します。
（注7）代表役員の印鑑は、代表役員が登記所に提出した印鑑を押印します。
（注8）代理人が申請する場合に記載し、代理人の印鑑を押印します。この場合には、代表役員の押印は必要ありません。

(登記事項を記録した磁気ディスクを提出する場合の登記事項の記録例)

> 「名称」○○寺
> 「主たる事務所」東京都台東区浅草一丁目1番1号
> 「目的等」
> 　この法人は、○○を本尊として、○○宗の教義を広め、儀式行事を行い、信者を教化育成することを目的とし、その目的を達成するために必要な業務を行う。
> 「役員に関する事項」
> 「資格」代表役員
> 「住所」東京都墨田区墨田一丁目1番1号
> 「氏名」甲山一郎
> 「従たる事務所番号」1
> 「従たる事務所の所在地」東京都府中市府中一丁目1番1号
> 「包括団体の名称及び宗教法人非宗教法人の別」
> 　○○宗　宗教法人
> 「基本財産の総額」金○○万円
> 「公告の方法」この法人の公告は、この寺院の機関紙に1回掲載し、事務所の掲示場に10日間掲示して行う。
> 「登記記録に関する事項」設立

(**注**) 宗教法人が公益事業又は公益事業以外の事業を行う場合には、その旨を記載します。

(規則例)

宗教法人「○○寺」規則

第1章 総則

(名称)
第○条 この寺院は、宗教法人法による宗教法人であって「○○寺」という。
(事務所の所在地)
第○条 この宗教法人は、主たる事務所を東京都台東区浅草一丁目1番1号に置き、従たる事務所を東京都府中市府中一丁目1番1号に置く。
(目的)
第○条 この法人は、○○を本尊として、○○宗の教義を広め、儀式行事を行い、信者を教化育成することを目的とし、その目的を達成するために必要な業務を行う。
(包括宗教団体)
第○条 この法人の包括宗教団体は、宗教法人「○○宗」とする。
(公告の方法)
第○条 この法人の公告は、この寺院の機関紙に1回掲載し、事務所の掲示場に10日間掲示して行う。

第2章 役員その他の機関

第1節 代表役員及び責任役員

(員数及び呼称)
第○条 この法人には、6人の責任役員を置き、そのうちの1人を代表役員とする。
(資格及び選任)
第○条 代表役員は、責任役員のうちから1名を互選する。
2 責任役員は、檀徒のうちから、総代会において選任する。
(任期)
第○条 代表役員の任期は、○年とする。
2 代表役員以外の責任役員の任期は、○年とする。ただし、再任を妨げない。
3 補欠の責任役員の任期は、前任者の残任期間とする。
4 代表役員及び責任役員は、辞任又は任期満了後でも、後任の役員又はその代務者が就任するときまで、なおその職務を行うものとする。
(代表役員の職務権限)

第○条　代表役員は、この法人を代表し、その職務を総理する。
（責任役員会及びその職務権限）
第○条　責任役員は、責任役員会を組織し、次の各号に掲げるこの法人の事務を決定する。
  (1)　予算の編成
  (2)　決算（財産目録、貸借対照表及び収支決算書）の承認
  (3)　歳計剰余金
  (4)　特別財産及び基本財産の設定及び変更
  (5)　不動産及び重要な動産に係る取得、処分、担保の提供、その他重要な行為
  (6)　主要な境内建物の新築、改築、増築、模様替え及び用途変更等
  (7)　境内地の模様替え及び用途変更等
  (8)　借入れ及び保証
  (9)　規則の変更並びに細則の制定及び改廃
  (10)　合併並びに解散及び残余財産の処分
  (11)　その他この規則に定める事項
  (12)　この法人のうち、責任役員が必要と認める事項
2　責任役員会は代表役員が招集する。ただし、責任役員の定数の過半数から招集を請求されたときは、代表役員は、速やかに責任役員会を招集しなければならない。
3　責任役員会の議事は、この規則に別段の定めがある場合を除き、責任役員の定数の過半数で決する。
4　責任役員会における責任役員の議決権は、各々平等とする。
5　責任役員会の議事については、議事録を作成しておくものとする。

　　　第2節　代務者

（代務者）
第○条　次の各号の一に該当するときは、代務者を置かなければならない。
  (1)　代表役員又は責任役員が死亡その他の事由によって欠けた場合において、すみやかにその後任者を選ぶことができないとき。
  (2)　代表役員又は責任役員が病気その他の事由によって3か月以上その職務を行うことができないとき。
2　代表役員の代務者は、前項第1号に該当するときは、この寺院に僧籍を有する者のうちから責任役員会において選任し、同項第2号に該当するときは、代表役員が選任する。
3　責任役員の代務者は、この寺院に僧籍を有する者のうちから、責任役員会において選任する。

(代務者の職務権限)
第○条　代務者は、代表役員又は責任役員に代わって、その職務の全部を行う。
2　代務者は、その置くべき事由がなくなったときは、当然退任するものとする。

　　　第3節　仮代表役員及び仮責任役員

(選定)
第○条　代表役員又はその代務者は、この法人と利益が相反する事項については、代表権を有しない。この場合においては、代表役員以外の責任役員のうちから、責任役員会において仮代表役員を選定しなければならない。
2　責任役員又はその代務者は、その責任役員又は代務者と特別の利害関係がある事項については、議決権を有しない。この場合には、責任役員会において、檀徒のうちからその議決権を有しない責任役員又はその代務者の員数だけ、仮責任役員を選定しなければならない。
(職務権限)
第○条　仮代表役員又は仮責任役員は、前条に規定する事項について当該代表役員若しくは責任役員又はその代務者に代わってその職務を行う。

　　　第4節　役員の解任

(代表役員の解任)
第○条　代表役員が次の各号の一に該当するときは、総代会において定数の3分の2以上の議決及び責任役員会において定数の3分の2以上の議決により、当該代表役員を解任することができる。
　(1)　心身の故障のため、職務の遂行に支障があり、これに堪えない場合
　(2)　職務上の義務に明らかに違反した場合
　(3)　代表役員としてふさわしくない行為があった場合
(責任役員の解任)
第○条　代表役員以外の責任役員が前条各号の一に該当するときは、総代会及び責任役員会において各々定数の3分の2以上の議決を経て、代表役員は、当該責任役員を解任することができる。この場合において、同条第3号中「代表役員」とあるのは「責任役員」と読み替えるものとする。
(代務者の解任)
第○条　代表役員及び責任役員の代務者の解任については、前二条の規定を準用する。

　　　　第5節　檀　徒

（檀徒の定義）
第○条　檀徒とは、この法人の教義を信奉する者で住職の承認を受けたものをいう。
2　檀徒は、檀徒名簿に登録するものとする。

　　　　第6節　総代会

（総代）
第○条　この法人に総代○人を置く。
2　総代は、檀徒で衆望の帰するもののうちから責任役員会において選定し、代表役員が任命する。
3　総代の任期は、○年とする。ただし、再任を妨げない。
4　補欠の総代の任期は、前任者の残任期間とする。
5　総代は、辞任又は任期満了後でも、後任の総代が就任するときまで、なおその職務を行うものとする。
6　総代は、この規則に定める事項を処理するほか、代表役員に協力し、この法人の目的達成及び維持興隆に努めるものとする。

（総代会）
第○条　総代は、総代会を組織し、次の各号に掲げる事項について議決する。
　(1)　予算の編成
　(2)　決算（財産目録、貸借対照表、収支計算書）の承認
　(3)　歳計剰余金の処置
　(4)　特別財産及び基本財産の設定及び変更
　(5)　不動産及び財産目録に掲げる宝物に係る処分、担保の提供等
　(6)　借入れ及び保証
　(7)　規則の変更、合併及び解散
　(8)　その他この規則に定める事項
　(9)　この法人の目的達成、維持興隆に関する事項
2　総代会は、代表役員が招集する。ただし、総代の定数の過半数から招集を請求されたときは、代表役員は、速やかに総代会を招集しなければならない。
3　総代会の議事は、この規則に別段の定めがある場合を除き、定数の過半数で決する。
4　総代が次の各号の一に該当するときは、総代会及び責任役員会において各々定数の3分の2以上の議決を経て、代表役員は、当該総代を解任することができる。

(1)　心身の故障のため、職務の遂行に支障があり、これに堪えない場合
　(2)　職務上の義務に明らかに違反した場合
　(3)　総代としてふさわしくない行為があった場合
5　総代会の議事については、議事録を作成しておくものとする。

　　　第7節　監　事

（監事）
第〇条　この法人に監事〇人を置く。
2　監事は、檀徒のうちから、責任役員及び総代以外の者を総代会において選任する。
3　監事の任期は、〇年とする。ただし、再任を妨げない。
4　監事は、任期満了後でも、後任者が就任するときまで、なおその職務を行うものとする。
5　監事には、責任役員又は総代の配偶者及びその親族その他利害関係を有する者が含まれてはならない。
6　監事は、この法人の財産状況を監査し、責任役員会及び総代会に報告しなければならない。
7　監事が次の各号の一に該当するときは、総代会において定数の3分の2以上の議決により、当該監事を解任することができる。
　(1)　心身の故障のため、職務の遂行に支障があり、これに堪えない場合
　(2)　職務上の義務に明らかに違反した場合
　(3)　監事としてふさわしくない行為があった場合

　　　第3章　財　務

（資産の区分）
第〇条　この法人の資産は、特別財産、基本財産及び普通財産とする。
2　特別財産は、宝物及び什物のうちから設定する。
3　基本財産は、次の各号に掲げる財産とする。
　(1)　境内地、境内建物その他の財産のうちから基本財産として設定するもの
　(2)　基本財産として指定された寄付財産
　(3)　基本財産に編入された財産
4　普通財産は、特別財産及び基本財産以外の財産とする。
（特別財産及び基本財産の設定及び変更）
第〇条　特別財産又は基本財産の設定又は変更をしようとするときは、責任役員会において定数の3分の2以上の議決及び総代会の議決を得なければならない。
（基本財産の管理）

第○条　基本財産である現金は、確実な銀行に預け、又は確実な有価証券に代えるなど、代表役員が適正に管理しなければならない。
　（財産の処分等）
第○条　次に掲げる行為をしようとするときは、責任役員会において定数の3分の2以上の議決及び総代会の議決を経て、その行為の少なくとも1か月前に、檀徒その他の利害関係人に対し、その行為の要旨を示してその旨を公告しなければならない。ただし、第3号から第5号までに掲げる行為が緊急の必要に基づくものである場合又は軽微なものである場合及び第5号に掲げる行為が一時の期間に係るものである場合には、公告を行わないことができる。
　(1)　不動産又は財産目録に掲げる宝物を処分し、又は担保に供すること。
　(2)　借入れ（当該会計年度内の収入で償還する一時の借入れを除く。）又は保証をすること。
　(3)　主要な境内建物の新築、改築、増築、移築、除却又は著しい模様替えをすること。
　(4)　境内地の著しい模様替えをすること。
　(5)　主要な境内建物若しくは境内地の用途を変更し、又はこの法人の主たる目的以外の目的のために供すること。
2　前項各号に掲げる行為をするときは、前項の議決を経たのち、包括団体である○○宗の代表役員の承認を受けなければならない。
　（経費の支弁）
第○条　この法人の経費は、普通財産をもって支弁する。
　（予算の編成）
第○条　予算は、毎会計年度開始1か月前までに編成しなければならない。予算の決定は、責任役員会において定数の3分の2以上の議決及び総代会の議決を得なければならない。
　（予算の区分）
第○条　予算は、経常収支及び臨時収支の2部に区分し、各々これらを科目に区分して、歳入の性質及び歳出の目的を明示しなければならない。
　（特別会計の設定）
第○条　特別の必要があるときは、責任役員会において定数の3分の2以上の議決及び総代会の議決を経て、特別会計を設けることができる。
　（決算）
第○条　決算に当たっては、財産目録、貸借対照表及び収支計算書を毎会計年度終了後3か月以内に作成し、監事の監査を受けた上、総代会及び責任役員会の承認を受けなければならない。
　（歳計剰余金の処置）

第○条　歳計に剰余を生じたときは、これを翌年度の歳入に繰り入れるものとする。ただし、総代会及び責任役員会の議決を経て、その一部又は全部を基本財産に編入することができる。
（会計年度）
第○条　この法人の会計年度は、毎年4月1日に始まり、その翌年の3月31日に終わるものとする。

　（第4章　事　業）

（公益事業）
第○条　この法人は、次の事業を行う。
　　霊園事業
　　ア　名称　○○霊園
　　イ　所在地　東京都○○市○○町○○番地
2　前項の事業は、別に定める「○○霊園事業運営規程」に基づき、代表役員が管理運営する。
3　第1項の事業に関する会計は、一般会計から区分し、特別会計として処理しなければならない。

　第5章　補　則

（規則の変更）
第○条　この規則を変更しようとするときは、責任役員会の定数の3分の2以上の議決及び総代の同意を得て、○○宗の代表役員の承認を得たのち、所轄庁の認証を受けなければならない。
（合併又は解散）
第○条　この法人が合併又は解散をしようとするときは、前条の規定を準用する。
（残余財産の帰属）
第○条　この法人の残余財産は、解散を決定する責任役員会において定数の3分の2以上の議決により選定した宗教法人その他の公益法人に帰属する。
（包括宗教団体の規則の効力）
第○条　○○宗の規則のうち、この法人に関係のある事項に関する規定は、この規則に定めるもののほか、この法人についても、その効力を有する。
（備付書類及び帳簿）
第○条　この法人の事務所には、次の書類及び帳簿を備え付けなければならない。
　(1)　この法人の規則及び認証書並びに細則

(2) ○○宗の規則
(3) 役員名簿
(4) 予算書
(5) 財産目録、貸借対照表及び収支計算書
(6) 責任役員会及び総代会の議事録
(7) 事務処理簿
(8) 事業に関する書類

（施行細則）

第○条　この規則の施行に関する細則は、責任役員会において定数の3分の2以上の議決を経て、代表役員が別に定める。

　　附　　則
1　この規則は、この法人の設立登記をした日から施行する。
2　この規則施行当初の代表役員及び責任役員は、次のとおりとする。
　　　代表役員　　甲山一郎
　　　責任役員　　乙川英雄
　　　　同　　　　丙野太郎
　　　　同　　　　○○○○
　　　　同　　　　○○○○
　　　　同　　　　○○○○

（総代会議事録）

総 代 会 議 事 録

　平成○○年○○月○○日午前10時30分、当宗教法人の設立事務所において、法人成立前の総代会を開催した。

　本日の総代会は、総代総数○名中○名の出席により、規則の規定による所定数を満たしたので有効に成立した旨を告げ、議長の選任方法を諮ったところ、満場一致をもって総代○○○○が議長に選任され、続いて議長の挨拶の後、議案の審議に入った。

　議長は、設立時の責任役員を選任したい旨を述べ、規則の規定に基づく投票の結果、次の者が選任され、被選任者はいずれも就任を承諾した。

　責任役員　甲山一郎、乙川英雄、丙野太郎、○○○○、○○○○、○○○○

　以上をもって、総代会の全ての議案について、審議を終了したので、議長は、午前11時30分閉会を宣し、散会した。

　上記議決を明確にするため、議長及び出席総代は記名押印する。

　平成○○年○○月○○日

　　　　　　　　　　　宗教法人○○寺設立事務所において
　　　　　　　　　　　　　議長総代　　○　○　○　○　㊞
　　　　　　　　　　　　　出席総代　　○　○　○　○　㊞
　　　　　　　　　　　　　　　同　　　○　○　○　○　㊞
　　　　　　　　　　　　　　　同　　　○　○　○　○　㊞

(代表役員の選任を証する書面―責任役員会議事録)

責任役員会議事録

1 日　　　時　　平成○○年○○月○○日午後2時
1 場　　　所　　当法人設立事務所
1 責任役員定数　6名
1 出　席　者　　6名
　　　　　　　　責任役員　甲山一郎　　責任役員　乙川英雄
　　　　　　　　責任役員　丙野太郎　　責任役員　○○○○
　　　　　　　　責任役員　○○○○　　責任役員　○○○○
1 議題
(1) 代表役員の選任の件
1 議長選任の経過
　　責任役員全員一致の決議により、議長に甲山一郎が選任され、直ちに議案の審議に入った。
1 議事の経過
　　当法人の規則の規定により、責任役員会を開催し、責任役員全員一致の決議により、次の者を代表役員に選任した。被選任者は即時就任を承諾した。
　　　　代表役員　　甲山一郎

以上で議案の全部の審議を終了したので、議長は閉会を宣し、午後3時散会した。

上記の決議を明確にするため、議長及び出席責任役員において、次に記名押印する。

平成○○年○○月○○日

　　　　　　　　宗教法人○○寺責任役員会において
　　　　　　　　　議長代表役員　　甲　山　一　郎　㊞
　　　　　　　　　出席責任役員　　乙　川　英　雄　㊞
　　　　　　　　　　　同　　　　　丙　野　太　郎　㊞
　　　　　　　　　　　同　　　　　○　○　○　○　㊞
　　　　　　　　　　　同　　　　　○　○　○　○　㊞
　　　　　　　　　　　同　　　　　○　○　○　○　㊞

(就任承諾書)

就 任 承 諾 書

　私は、平成○○年○○月○○日開催の貴宗教法人責任役員会において、貴宗教法人の代表役員に選任されたので、その就任を承諾します。

　　平成○○年○○月○○日

　　　　　　　　　　　　　　　　　　　東京都墨田区墨田一丁目1番1号
　　　　　　　　　　　　　　　　　　　　　　甲　山　一　郎　㊞

　宗教法人○○寺　御中

(代表役員の選任を証する書面―責任役員の互選書)

責任役員の互選書

　平成○○年○○月午前10時30分から、当法人設立事務所(東京都台東区浅草一丁目1番1号)において、規則第○条の規定に基づき代表役員を選定するため、責任役員全員の互選の結果、次のとおり決定した。

1　代表役員に責任役員甲山一郎を選定すること。
　　なお、被選定者は、その就任を承諾した。

　上記決定を明確にするため、本互選書を作成し、責任役員全員が次に記名押印する。

　　平成○○年○○月○○日

　　　　　　　　　　　　宗教法人○○寺
　　　　　　　　　　　　　責任役員　　甲　山　一　郎　㊞
　　　　　　　　　　　　　責任役員　　乙　川　英　雄　㊞
　　　　　　　　　　　　　責任役員　　丙　野　太　郎　㊞
　　　　　　　　　　　　　同　　　　　○　○　○　○　㊞
　　　　　　　　　　　　　同　　　　　○　○　○　○　㊞
　　　　　　　　　　　　　同　　　　　○　○　○　○　㊞

（代表役員の選任を証する書面―包括宗教法人の任命書）

　　　　　　　　　　任　命　書

　東京都台東区浅草一丁目1番1号
　　　　○○寺責任役員
　　　　　甲　山　一　郎

　上記の者宗教法人「○○寺」代表役員に任命します。

　　平成○○年○○月○○日

　　　　　　　　　　　○○県○○市○○町○丁目○番地
　　　　　　　　　　　宗教法人○○宗
　　　　　　　　　　　　代表役員　　○　○　○　○　㊞

（委任状）

　　　　　　　　　　委　任　状

　私は、東京都豊島区東池袋一丁目1番1号山川太郎を代理人に定め、以下の権限を委任する。

1　当法人の設立登記を申請する一切の件
1　原本還付の請求及び受領の件

　　平成○○年○○月○○日

　　　　　　　　　　　東京都台東区浅草一丁目1番1号
　　　　　　　　　　　宗教法人○○寺
　　　　　　　　　　　　代表役員　　甲　山　一　郎　㊞

（注）代表役員の印鑑は、代表役員が登記所に提出している印鑑を押印します。

Q23
宗教法人の設立に際して従たる事務所を設置し、この登記を従たる事務所の所在地においてする登記手続について、教えてください。

　法人の設立に際して従たる事務所を設けた場合は、主たる事務所の所在地においてする登記の申請と従たる事務所の所在地においてする登記の申請とを、一括申請することができますが、それぞれ別個に申請することもできます。

1　登記期間
　宗教法人の設立に際して従たる事務所を設けた場合において、当該従たる事務所の所在地においてする宗教法人の設立の登記は、主たる事務所の所在地における設立の登記をした日から2週間以内に登記をしなければならないとされています（法59条1項1号）。

2　登記事項
　従たる事務所の所在地において登記すべき事項は、次のとおりです（法59条2項、65条、商業登記法48条2項）。
① 名称
② 主たる事務所の所在地
③ 従たる事務所（その所在地を管轄する登記所の管轄区域内にあるものに限る。）の所在場所
④ 法人成立の年月日及び法人を設立した旨

3　添付書類
　従たる事務所の所在地における登記の申請書には、主たる事務所の所在地において登記したことを証する書面（登記事項証明書）を添付しなければなりません（法65条、商業登記法48条1項）。

申請書書式
（宗教法人の設立に際して従たる事務所を設け、従たる事務所の所在地において申請する場合）

宗教法人設立登記申請書

1　名　　　称　　○○寺
1　主たる事務所　東京都台東区浅草一丁目１番１号
1　従たる事務所　東京都府中市府中一丁目１番１号
1　登記の事由　　平成○○年○○月○○日法人設立に際し従たる事務所設置
1　登記すべき事項　別添 CD-R のとおり
1　添付書類　　　登記事項証明書　　１通

　上記のとおり登記の申請をします。
　　平成○○年○○月○○日

　　　　　　　　　　　　　東京都台東区浅草一丁目１番１号
　　　　　　　　　　　　　申請人　　○○寺
　　　　　　　　　　　　　東京都墨田区墨田一丁目１番１号
　　　　　　　　　　　　　代表役員　甲山一郎　㊞

東京法務局府中支局　御中

（注）代表役員の印鑑は、主たる事務所の所在地を管轄する登記所に提出した印鑑を押印します。

（登記事項を記録した磁気ディスクを提出する場合の登記事項の記録例）

「名称」○○寺
「主たる事務所」東京都台東区浅草一丁目１番１号
「法人成立の年月日」平成○○年○○月○○日
「従たる事務所番号」１
「従たる事務所」東京都府中市府中一丁目１番１号
「登記記録に関する事項」設立

Q24 印鑑の提出の手続について、教えてください。

　登記の申請人である代表役員は、あらかじめ（登記の申請と同時に）、登記申請書又は委任状に押印する印鑑の印影を登記所に提出しなければなりません（法65条、商業登記法20条1項、2項）。印鑑の印影の提出は印鑑届書によりします（各種法人等登記規則5条、商業登記規則9条1項）。

　印鑑の大きさは、辺の長さが1cmの正方形に収まるもの又は辺の長さが3cmの正方形に収まらないものであってはなりません（各種法人等登記規則5条、商業登記規則9条3項）。すなわち、印鑑の形状は円形でも四角形でも自由ですが、印鑑の大きさは円の直径又は四角形の辺の長さが1cm以上3cm未満のものでなければなりません。

　印鑑の印影の提出は、宗教法人の主たる事務所の所在地を管轄する登記所に提出することで足り、従たる事務所の所在地を管轄する登記所に提出する必要はありません（法65条、商業登記法20条3項）。

印 鑑 （ 改 印 ） 届 書

※　太枠の中に書いてください。

東京（地方）法務局　台東　支局 （出張所）　平成〇〇年〇〇月〇〇日　申請

(注1)（届出印は鮮明に押印してください。）	商号・名称	〇〇寺
（印）	本店・主たる事務所	東京都台東区浅草一丁目1番1号
	資　格	代表取締役・取締役・代表理事 理　事・（　　代表役員　　）
印鑑提出者	氏　名	甲山一郎
	生年月日	大・昭・平・西暦〇〇年〇〇月〇〇日生
☑印鑑カードは引き継がない。 (注2)☐印鑑カードを引き継ぐ。	会社法人等番号	

印鑑カード番号　_____
前任者　_____

		(注3)の印
届出人(注3)	☑印鑑提出者本人　☐代理人	（甲山一郎 印）
住　所	東京都墨田区墨田一丁目1番1号	
フリガナ	コウヤマ　イチ　ロウ	
氏　名	甲山一郎	

委　任　状

私は，（住所）

　　　　（氏名）

を代理人と定め，印鑑（改印）の届出の権限を委任します。

平成　　年　　月　　日

住　所

氏　名　　　　　　　　　　　　　　　印
　　　　　　　　　　　　　　　　　　　　(注3)の印
　　　　　　　　　　　　　　　　　　　　市区町村に
　　　　　　　　　　　　　　　　　　　　登録した印鑑

☐　市区町村長作成の印鑑証明書は，登記申請書に添付のものを援用する。(注4)

(注1)　印鑑の大きさは，辺の長さが1cmを超え，3cm以内の正方形の中に収まるものでなければなりません。
(注2)　印鑑カードを前任者から引き継ぐことができます。該当する☐にレ印をつけ，カードを引き継いだ場合には，その印鑑カードの番号・前任者の氏名を記載してください。
(注3)　本人が届け出るときは，本人の住所・氏名を記載し，**市区町村に登録済みの印鑑**を押印してください。代理人が届け出るときは，代理人の住所・氏名を記載，押印（認印で可）し，委任状に所要事項を記載し，本人が**市区町村に登録済みの印鑑**を押印してください。
(注4)　この届書には作成後3か月以内の**本人の印鑑証明書を添付してください。**登記申請書に添付した印鑑証明書を援用する場合は，☐にレ印をつけてください。

印鑑処理年月日					
印鑑処理番号		受付	調査	入力	校合

(登記事項証明書記載例)

名　称	○○寺
主たる事務所	東京都台東区浅草一丁目1番1号
法人成立の年月日	平成○○年○○月○○日
目的等	目的 　この法人は、○○を本尊として、○○宗の教義をひろめ、儀式行事を行い、信者を教化育成することを目的として、その目的を達成するために必要な業務を行う。
役員に関する事項	東京都墨田区墨田一丁目1番1号 　代表役員　　甲山一郎
従たる事務所	1 東京都府中市府中一丁目1番1号
公告の方法	
基本財産の総額	金○○万円
包括団体の名称及び宗教法人非宗教法人の別	○○宗　宗教法人
登記記録に関する事項	設立 　　　　　　　　　　平成○○年○○月○○日登記

(**注**) 宗教法人が公益事業又は公益事業以外の事業を行う場合には、目的区にその旨が記載されます。

Q25

宗教法人の設立に際して従たる事務所を設けた場合に主たる事務所の所在地においてする登記と従たる事務所の所在地においてする登記の一括申請について、説明してください。

　宗教法人の設立に際して従たる事務所を設けた場合、主たる事務所の所在地を管轄するA登記所を経由して、従たる事務所の所在地を管轄するB登記所においてする設立の登記を一括申請することができます（法65条、商業登記法49条1項）。

　一括申請の場合、従たる事務所の所在地においてする登記の申請と主たる事務所の所在地においてする登記の申請とは、一つの書面で同時に申請しなければなりません（法65条、商業登記法49条3項、各種法人等登記規則5条、商業登記規則63条1項）。

　この一括申請の場合には、1件につき300円（登記手数料令（昭和24年政令第140号）12条）の収入印紙を手数料として納付しなければなりません（法65条、商業登記法49条5項）。すなわち、従たる事務所を複数設置し、当該従たる事務所の所在地を管轄する登記所がそれぞれ異なるときは、1庁当たり300円にその庁数を乗じた金額を納付します。なお、登記申請書の従たる事務所の記載は、その所在地を管轄する登記所ごとに整理して記載しなければなりません（各種法人等登記規則5条、商業登記規則63条2項）。

申請書書式
（宗教法人の設立の登記―主たる事務所の所在地における登記申請と従たる事務所の所在地においてする登記の一括申請）

宗教法人設立登記申請書

1	名　　　　称	○○寺
1	主たる事務所	東京都台東区浅草一丁目1番1号
1	従たる事務所	東京都府中市府中一丁目1番1号
		管轄登記所　東京法務局府中支局
1	登記の事由	平成○○年○○月○○日設立手続終了
1	登記すべき事項	別添CD-Rのとおり
1	登記手数料	金300円
		従たる事務所所在地登記所数　　1庁
1	認証書到達の年月日	平成○○年○○月○○日
1	添付書類	規則の謄本　　　　　1通
		認証書の謄本　　　　1通
		総代会議事録　　　　1通
		責任役員会議事録　　1通
		代表役員の就任承諾書　1通
		委任状　　　　　　　1通

　上記のとおり登記の申請をします。
　　平成○○年○○月○○日

　　　　　　　　東京都台東区浅草一丁目1番1号
　　　　　　　　申　請　人　　○○寺
　　　　　　　　東京都墨田区墨田一丁目1番1号
　　　　　　　　代表役員　　甲　山　一　郎　㊞
　　　　　　　　東京都豊島区東池袋一丁目1番1号
　　　　　　　　代　理　人　　山　川　太　郎　㊞
　　　　　　　　連絡先の電話番号　○○○－○○○－○○○○

　東京法務局台東出張所　御中

3 所轄庁に対する設立登記完了の届出

> **Q26**
>
> 所轄庁に対する設立登記完了の届出について、説明してください。

　宗教法人は、設立、設立の登記に掲げられた事項の変更、従たる事務所の設置（廃止）の登記、事務所移転の登記、代表権を有する者の職務執行停止仮処分等、合併、解散、清算結了の登記をしたとき、また、礼拝用建物及び敷地の登記、礼拝用建物及び敷地の用途廃止の登記をしたときは、遅滞なく、登記事項証明書を添えて、その旨を所轄庁に届け出なければならないとされています（法9条）。

　これらの届出を怠ったときは、宗教法人の代表役員等は、10万円以下の過料に処せられます（法88条）。

（宗教法人設立登記完了届）

　　　　　　　　　　　　　　　　　　　　　　　平成〇〇年〇〇月〇〇日

　東京都知事　殿

　　　　　　　　　　　所　在　地　　東京都台東区浅草一丁目1番1号
　　　　　　　　　　　名　　　称　　宗教法人〇〇寺
　　　　　　　　　　　代表役員　　　甲　山　一　郎　㊞

　　　　　　　　　　　宗教法人設立登記完了届

　このたび、宗教法人〇〇寺の設立のための規則の認証書の交付を受け、宗教法人法第52条又は第59条の規定による設立の登記をしましたので、同法第9条の規定により、登記事項証明書を添えてお届けします。

第6章
目的（事業の種類を含む。）、名称、包括団体の名称及び宗教法人非宗教法人の別等の変更登記

1　規則の変更手続

Q27

規則の変更手続について、教えてください。

1　宗教法人の規則の変更手続

　登記すべき事項のうち、①目的（事業の種類を含む。）、②名称、③包括団体の名称及び宗教法人非宗教法人の別、④基本財産の総額、⑤境内建物、境内地、宝物の処分等に関する定め、⑥解散の事由、⑦公告の方法等は、規則の記載事項ですので、規則変更の方法によらなければ、これらを変更することはできません。

　規則の変更は、規則で定めるところによりその変更のための手続をし、その規則の変更について、所轄庁の認証を受けなければならないとされています（法26条1項）。

　規則変更の手続をどのように定めるかは、各宗教法人に委ねられており、それぞれの規則でその手続が定められています。例えば、規則に、規則を変更しようとするときは、責任役員会の議決のほかに総代や信者総会等の議決又は同意を得なければならない旨の定めがある場合には、その議決又は同意を得なければなりません。また、規則変更につき、規則に、包括宗教団体の承認を得なければならない旨の定めがある場合は、その承認を得なければなりません。

　なお、宗教法人が被包括関係を設定又は廃止する場合には、規則変更の認証申請の少なくとも2か月前に信者その他の利害関係人に対し規則の変更の案の要旨を示してその旨を公告しなければならないとされています（法26条2項）。そして、規則変更が被包括関係の設定の場合には、包括宗教団体の承認を受けなければならないとされ、被包括関係の廃止

の場合には、公告と同時に包括宗教団体に対し被包括関係の廃止の通知をしなければならないとされています（法26条3項・4項）。

これらの手続が完了したら、次に、所轄庁に対し認証のための申請手続をとらねばなりません。そのためには、宗教法人規則変更認証申請書に「変更しようとする事項を示す書類」、「規則の変更の決定について規則で定める手続を経たことを証する書類」（責任役員会議事録等）等を添えて所轄庁に提出しなければなりません（法27条）。

なお、変更した事項が登記事項であるときは、変更登記をしてその完了したことを所轄庁へ届出しなければなりません（法9条）。

2　規則変更の認証申請

宗教法人の規則の変更には、所轄庁の認証が必要です。法は、宗教法人が、所轄庁の認証を受けようとするときは、認証申請書に、その変更しようとする事項を示す書類及び規則の変更の決定について規則で定める手続を経たことを証する書類を添えて所轄庁に提出し、その認証を申請しなければならないとされています（法27条）。規則で定める手続を経たことを証する書面としては、責任役員会議事録を添付します。このほか、規則に、規則を変更しようとするときは、その他の機関（総代、総会等）の議決又は同意を得なければならない旨の定めがある場合は、総代の同意書又は総会議事録を添付することになりますし、規則に、規則の変更に包括宗教団体の承認を得なければならない旨の定めがある場合には、包括宗教団体の承認書を添付します。

なお、被包括関係の設定又は廃止の場合には、上記の書類に加えて、被包括関係の設定の承認を受け、又は廃止の通知をしたことを証する書類及び公告をしたことを証する書類を添付する必要があります（法27条2号・3号）。

宗教法人の規則の変更の効力は、認証書が所轄庁から法人に対して交付されたときに、効力を生ずるとされています（法30条）。

3　登記手続

宗教法人において、規則の変更に伴い登記事項に変更を生じたときは、2週間以内に、その主たる事務所の所在地において、変更の登記をしなければなりません（法53条）。登記の申請は、代表役員の申請によってします。

第 6 章　目的（事業の種類を含む。）、名称、包括団体の名称及び宗教法人非宗教法人の別等の変更登記

（宗教法人規則変更認証申請書）

平成〇〇年〇〇月〇〇日

東京都知事　殿

東京都台東区浅草一丁目1番1号
宗教法人〇〇寺
代表役員　　甲　山　一　郎　㊞

規則変更認証申請書

　宗教法人〇〇寺の規則を変更したいので、宗教法人法第 27 条の規定により、下記関係書類を添えて、規則変更の認証を申請します。

記

1　変更しようとする事項を示す書類（新旧対照表）
2　規則変更の決定について規則で定める手続を経たことを証する書類
　(1)　責任役員会議事録
　(2)　その他の機関の同意書又は議事録
　(3)　包括団体の承認書
3　その他

2 目的（事業の種類を含む。）、名称、包括団体の名称及び宗教法人非宗教法人の別等の変更の登記手続

Q28
宗教法人が公益事業を新たに行うときの登記手続について、教えてください。

1 公益事業を行うための規則の変更手続

　宗教法人の事業は、宗教団体がその目的を達成するために行う事業、すなわち、宗教の教義を広め、儀式行事を行い、信者を教化育成するための宗教活動事業をいうものとされています（法2条）。また、宗教法人は、上記の宗教活動事業のほかに公益事業を行うことができるとされていますし（法6条1項）、その目的に反しない限り、公益事業以外の事業を行うことができるとされています（同条2項）。

　宗教法人が新たに公益事業を行う場合には、規則の定めるところにより、責任役員会の議決により、規則に公益事業の種類及び事業の運営に関する事項を定めるとともに、規則に、規則を変更しようとするときは、その他の機関（総代、総会等）の議決又は同意を得なければならない旨の定めがある場合には、その議決又は同意を得なければなりません。また、規則に、包括宗教団体の承認を得なければならない旨の定めがある場合には、その承認を得て規則を変更し、所轄庁の認証を受ける必要があります。

2 目的及び事業の変更登記

(1) 登記期間等

　宗教法人の目的及び事業は、登記事項ですので（法52条2項）、宗教法人の目的及び事業に変更が生じたときは、主たる事務所の所在地において2週間以内に、変更の登記をしなければなりません（法53条）。

　変更年月日は、規則変更の認証書到達の日です。なお、上記の期間内に登記をすることを怠ったときは、10万円以下の過料に処せられることがあります（法88条9号）。

第6章　目的（事業の種類を含む。）、名称、包括団体の名称及び宗教法人非宗教法人の別等の変更登記

(2) **申請人**

　　変更登記の申請は、代表役員が申請人となります。

(3) **添付書類**

　　登記の申請書には、登記事項の変更を証する書面のほか、所轄庁の証明がある認証書の謄本を添付しなければならないとされています（法63条3項・6項）。登記事項の変更を証する書面には、次の書面が該当します。

　ア　責任役員会議事録

　イ　総代の同意書

　ウ　包括宗教団体の承認書

　エ　規則変更認証書の謄本

　オ　規則（規則に定める規則変更の要件を明確にするため、規則を添付します。）

　カ　委任状

　　代理人によって登記を申請する場合は、代理権限を証する書面として、申請人の委任状を添付します（法65条、商業登記法18条）。

申請書書式
(宗教法人の目的及び事業の変更登記)

宗教法人変更登記申請書

1 名　　　　称	○○寺	
1 主たる事務所	東京都台東区浅草一丁目1番1号	
1 登記の事由	目的の変更	
1 認証書到達の年月日	平成○○年○○月○○日	
1 登記すべき事項	別添 CD-R のとおり（注1）	
1 添付書類	責任役員会議事録	1通（注2）
	総代同意書	1通（注3）
	包括宗教団体の承認書	1通（注3）
	規則変更認証書の謄本	1通
	規則	1通
	委任状	1通（注4）

上記のとおり登記の申請をします。

平成○○年○○月○○日

　　　　　東京都台東区浅草一丁目1番1号
　　　　　申請人　　○○寺
　　　　　東京都墨田区墨田一丁目1番1号
　　　　　代表役員　甲　山　一　郎　㊞（注5）
　　　　　東京都豊島区東池袋一丁目1番1号
　　　　　代理人　　山　川　太　郎　㊞（注6）
　　　　　連絡先の電話番号　○○○-○○○-○○○○

東京法務局台東出張所　御中

（注1）申請書に記載すべき登記事項を磁気ディスク（法務省令で定める電磁的記録に限る。）である CD-R 又は FD（フロッピーディスク）に記録し、これを申請書とともに提出した場合は、当該申請書には、磁気ディスクに記録された事項は記載する必要はありません。（法65条、商業登記法17条4項）。
（注2）規則の変更を証する書面として、責任役員会議事録を添付します。
（注3）規則の変更について、総代の同意又は包括宗教団体の承認を必要とする場合は、同意書及び承認書を添付します。

(注4) 代理人に登記申請を委任した場合に添付します。
(注5) 代表役員の印鑑は、代表役員が登記所に提出した印鑑を押印します。
(注6) 代理人が申請する場合に記載し、代理人の印鑑を押印します。この場合には、代表役員の押印は必要ありません。

(登記事項を記録した磁気ディスクを提出する場合の登記事項の記録例)

「目的」
　この法人は、○○を本尊として、○○宗の教義をひろめ、儀式行事を行い、信者を教化育成することを目的とし、その目的を達成するために必要な業務及び事業を行う。
事業
　この法人は、その目的を達成するため、次の事業を行う。
1　事業種別　　霊園事業
2　名　　称　　○○霊園
3　所 在 地　　東京都府中市府中○丁目○番地
「原因年月日」平成○○年○○月○○日変更

(責任役員会議事録)

責任役員会議事録

1　日　　　時　　平成○○年○○月○○日午後2時30分
1　場　　　所　　当法人会議室
1　責任役員定数　6名
1　出　席　者　　6名
　　　　　　　　代表役員　甲山一郎　　責任役員　乙川英雄
　　　　　　　　責任役員　丙野太郎　　責任役員　○○○○
　　　　　　　　責任役員　○○○○　　責任役員　○○○○
1　議　　　題
　(1)　霊園事業を行うことについて
　(2)　規則に事業を記載するための規則変更について
　(3)　○○霊園管理運営規程の制定について
1　議事の経過の要領及びその結果
　　定刻に至り、慣例により代表役員甲山一郎が議長となり、責任役員の全員が出席し、定足数に達したので、開会を宣し、直ちに議案の審議に

入った。
　　　議案　事業の開始に伴う規則変更の件
　議長は、当法人の事業の拡張にともない、新たに事業として霊園事業を開始したい旨を述べ、そのため、規則第○条を次のとおり変更し、第４章を第５章とし、第○条を第○条に改め、以下順次繰り下げ、第４章を次のように加えたい旨を諮ったところ、責任役員の全員一致をもって異議なく可決決定した。
　（目的）
第○条　この法人は、○○を本尊として、○○宗の教義を広め、儀式行
　　事を行い、信者を教化育成することを目的とし、その目的を達成する
　　ために必要な業務及び事業を行う。
　　　第４章　事　業
（公益事業）
第○条　この法人は、次の事業を行う。
　　一　霊園事業
　　　イ　名称　○○霊園
　　　ロ　所在地　東京都府中市府中○丁目○番地
２　前項の事業は、別に定める「○○霊園事業運営規程」に基づき、代表役員が管理運営する。
３　第１項の事業に関する会計は、一般会計から区分し、特別会計として処理しなければならない。

（附則の最後に、次の附則を加える）
　　　附　則
　この規則の変更は、東京都知事の認証書の交付を受けた日（平成○○年○○月○○日）から施行する。

　以上で議案の全部の審議を終了したので、議長は閉会を宣し、午後３時30分散会した。

　上記の議決を明確にするため、議長及び出席責任役員において、次に記名押印する。

　平成○○年○○月○○日

　　　　　　　　　　　宗教法人○○寺責任役員会において
　　　　　　　　　　　議長代表役員　　甲　山　一　郎　㊞
　　　　　　　　　　　出席責任役員　　乙　川　英　雄　㊞
　　　　　　　　　　　　同　　　　　　丙　野　太　郎　㊞
　　　　　　　　　　　　同　　　　　　○　○　○　○　㊞

第6章　目的（事業の種類を含む。）、名称、包括団体の名称及び宗教法人非宗教法人の別等の変更登記

```
                    同    ○ ○ ○ ○ ㊞
                    同    ○ ○ ○ ○ ㊞
```

（総代同意書）

```
              同　　意　　書

  宗教法人○○寺の規則を別紙のとおり変更することに同意します。

    平成○○年○○月○○日

              宗教法人○○寺
                総代    ○ ○ ○ ○ ㊞
                同      ○ ○ ○ ○ ㊞
                同      ○ ○ ○ ○ ㊞
                同      ○ ○ ○ ○ ㊞

  上記は、原本と相違ないことを証明します。

    平成○○年○○月○○日

              宗教法人○○寺
              代表役員　甲　山　一　郎　㊞
```

（注）別紙は省略

(包括宗教団体の承認書)

　　　　　　　　　承　認　書

　　　　　　　　　　　　東京都台東区浅草一丁目1番1号
　　　　　　　　　　　　宗教法人〇〇寺

　宗教法人〇〇寺の規則を別紙のとおり変更することを承認します。

　　平成〇〇年〇〇月〇〇日

　　　　　　　　　　　〇〇県〇〇市〇〇町〇丁目〇番〇号
　　　　　　　　　　　〇〇宗
　　　　　　　　　　　代表役員　　〇　〇　〇　〇　㊞

　上記は、原本と相違ないことを証明します。

　　平成〇〇年〇〇月〇〇日

　　　　　　　　　　　宗教法人〇〇寺
　　　　　　　　　　　代表役員　甲　山　一　郎　㊞

(注) 別紙は省略

(委任状)

　　　　　　　　　委　任　状

　　　　　　　　　　　　東京都豊島区東池袋一丁目1番1号
　　　　　　　　　　　　　　山　川　太　郎

　私は、上記の者を代理人に定め、下記の権限を委任する。

　1　当宗教法人の目的及び事業変更の登記を申請する一切の件
　1　原本還付の請求及び受領の件

　　平成〇〇年〇〇月〇〇日

　　　　　　　　　　東京都台東区浅草一丁目1番1号
　　　　　　　　　　宗教法人〇〇寺
　　　　　　　　　　代表役員　甲　山　一　郎　㊞

(注) 代表役員の印鑑は、代表役員が登記所に提出している印鑑を押印します。

第6章　目的（事業の種類を含む。）、名称、包括団体の名称及び宗教法人非宗教法人の別等の変更登記

Q29
宗教法人が名称を変更したときの登記手続を教えてください。

1　名称の変更

　宗教法人の名称は、規則に記載すべき事項とされていますので、名称を変更しようとする場合は、規則を変更しなければなりません。

　規則の変更は、規則で定めるところによりその変更のための手続をし、その規則の変更について、所轄庁の認証を受けなければなりません（法26条1項）。したがって、規則を変更しようとするときは、責任役員会の議決のほかに総代や信者総会等の議決又は同意を得なければならない旨の定めが規則にある場合には、その議決又は同意を得なければなりません。また、規則変更につき、包括宗教団体の承認が必要であれば、その承認を得なければなりません。

2　名称の変更登記

(1)　登記期間等

　宗教法人の名称に変更が生じたときは、変更の生じた日から、主たる事務所の所在地においては2週間以内に変更の登記をしなければなりません（法53条）。また、名称は従たる事務所の所在地における登記事項でもありますので、変更が生じた日から3週間以内に、従たる事務所の所在地においても変更の登記をしなければなりません（法59条3項）。

　変更年月日は、規則変更の認証書到達の日です。なお、この期間内に登記をすることを怠ったときは、10万円以下の過料に処せられることがあります（法88条9号）。

(2)　申請人

　名称の変更登記の申請は、代表役員が申請人となります。

(3)　添付書類

　登記の申請書には、登記事項の変更を証する書面のほか、所轄庁の証明がある認証書の謄本を添付します（法63条3項・6項）。登記事項の変更を証する書面とは、次の書面が該当します。

ア　責任役員会議事録
イ　総代の同意書（総代会の議事録）
ウ　包括宗教団体の承認書
エ　規則変更認証書の謄本
オ　規則
　　規則に定める規則変更の要件を明確にするため、規則を添付します。
カ　委任状
　　代理人によって登記を申請する場合は、代理権限を証する書面として、申請人の委任状を添付します（法65条、商業登記法18条）。
　なお、従たる事務所の所在地において登記を申請する場合は、主たる事務所においてした登記を証する書面（登記事項証明書）を添付しなければならないとされ、この書面を添付した場合には、他の書面の添付は要しないとされています（法65条、商業登記法48条1項）。

第6章　目的（事業の種類を含む。）、名称、包括団体の名称及び宗教法人非宗教法人の別等の変更登記

申請書書式
（宗教法人の名称変更の登記―主たる事務所の所在地における登記申請と従たる事務所の所在地においてする登記の一括申請）

宗教法人変更登記申請書

1　名　　　　　称　　○○寺（注1）
1　主 た る 事 務 所　　東京都台東区浅草一丁目1番1号
1　従 た る 事 務 所　　東京都府中市府中一丁目1番1号
　　　　　　　　　　　　管轄登記所　東京法務局府中支局（注2）
1　登 記 の 事 由　　名称の変更
1　登 記 す べ き 事 項　　平成○○年○○月○○日名称変更
　　　　　　　　　　　　名称　△△寺（注3）
1　登 記 手 数 料　　金300円（注4）
　　　　　　　　　　　　従たる事務所の所在地登記所数　1庁
1　認証書到達の年月日　　平成○○年○○月○○日
1　添 付 書 類　　規則　　　　　　　　1通
　　　　　　　　　　　　認証書の謄本　　　　1通
　　　　　　　　　　　　総代会議事録　　　　1通
　　　　　　　　　　　　責任役員会議事録　　1通
　　　　　　　　　　　　包括宗教団体の承認書　1通
　　　　　　　　　　　　委任状　　　　　　　1通

　　上記のとおり登記の申請をします。

　　平成○○年○○月○○日

　　　　　　　　　　　東京都台東区浅草一丁目1番1号
　　　　　　　　　　　申　請　人　　△△寺（注5）
　　　　　　　　　　　東京都墨田区墨田一丁目1番1号
　　　　　　　　　　　代表役員　　甲　山　一　郎　㊞（注6）
　　　　　　　　　　　東京都豊島区東池袋一丁目1番1号
　　　　　　　　　　　代　理　人　　山　川　太　郎　㊞（注7）
　　　　　　　　　　　連絡先の電話番号　○○○－○○○－○○○○

　東京法務局台東出張所　御中

（注1）変更前の宗教法人の名称を記載します。
（注2）本例は、従たる事務所の所在地においてする登記を、従たる事務所の所

在地においてする登記の申請と主たる事務所の所在地においてする登記の一括申請をする場合です。この場合、従たる事務所の所在地においてする登記の申請と主たる事務所の所在地においてする登記の申請とは、同一の書面をもって同時に一括して申請しなければなりません。従たる事務所の所在地においてする登記の申請には、何ら書面の添付は必要ありません（法65条、商業登記法49条1項・3項～5項、各種法人等登記規則5条、商業登記規則63条1項）。

(注3) 申請書に記載すべき登記事項を磁気ディスクに記録し（法務省令で定める電磁的記録に限る。）、申請書とともに提出した場合は、当該申請書には、当該磁気ディスクに記録された事項は記載する必要はありません（法65条、商業登記法17条4項）。

　なお、一括申請ではなく、従たる事務所の所在地において申請する場合は、申請書に記載すべき登記事項は、主たる事務所の所在地においてした登記を証する書面（登記事項証明書）の記載を引用して記載することができます（各種法人等登記規則5条、商業登記規則62条1項）。申請書に記載する登記すべき事項は、「別紙　登記事項証明書のとおり」のように記載します。

(注4) 従たる事務所の所在地においてする登記の申請と主たる事務所の所在地においてする登記の一括申請をする場合には、1件につき300円の手数料を収入印紙で納付します（登記手数料令12条）。

(注5) 変更後の宗教法人の名称を記載します。

(注6) 代表役員の印鑑は、代表役員が登記所に提出した印鑑を押印します。

(注7) 代理人が申請する場合に記載し、代理人の印鑑を押印します。この場合には、代表役員の押印は必要ありません。

第6章　目的（事業の種類を含む。）、名称、包括団体の名称及び宗教法人非宗教法人の別等の変更登記

（責任役員会議事録）

責任役員会議事録

1　日　　　時　　平成○○年○○月○○日午前10時
1　場　　　所　　当法人会議室
1　責任役員定数　　6名
1　出　席　者　　代表役員　甲山一郎　　責任役員　乙川英雄
　　　　　　　　　責任役員　丙野太郎　　責任役員　○○○○
　　　　　　　　　責任役員　○○○○　　責任役員　○○○○
1　議　　　題
　　宗教法人の名称を変更することについて
1　議事の経過の要領及びその結果
　　定刻に至り、慣例により代表役員甲山一郎が議長となり、責任役員の全員が出席し、定足数に達したので、開会を宣し、直ちに議案の審議に入った。
　　　議案　名称の変更に伴う規則の変更について
　　議長は、当宗教法人の名称を変更し、規則第○条を次のとおり変更したい旨を議場に諮ったところ、満場一致をもって異議なく可決決定した。
　　（名称）
　　第○条　この寺院は、宗教法人法による宗教法人であって「△△寺」という。

　　上記の決議を明確にするためこの議事録を作り、議長及び出席責任役員次に記名押印する。

　　平成○○年○○月○○日

　　　　　　　　　　　宗教法人△△寺責任役員会
　　　　　　　　　　　　　議長代表役員　　甲　山　一　郎　㊞
　　　　　　　　　　　　　出席責任役員　　乙　川　英　雄　㊞
　　　　　　　　　　　　　　　同　　　　　丙　野　太　郎　㊞
　　　　　　　　　　　　　　　同　　　　　○　○　○　○　㊞
　　　　　　　　　　　　　　　同　　　　　○　○　○　○　㊞
　　　　　　　　　　　　　　　同　　　　　○　○　○　○　㊞

(総代会議事録)

臨時総代会議事録

1 開催の日時　　平成○○年○○月○○日午前10時30分
1 開催の場所　　当法人事務所
1 総代総数　　　○名
　出席総代数　　○名

　　上記のとおり規則所定の員数の出席を得たので、本総代会は適法に成立した。
　　よって代表役員甲山一郎は議長席に着き開会を宣し、下記議案を附議したところ、満場一致をもって、原案どおり可決同意した。

記

1 名称変更に伴う規則変更の件
　規則第○条中「○○寺」とあるを「△△寺」と変更すること。

　以上をもって本日の議案の全部が終了したので、議長は閉会を宣し午前11時30分散会した。

　以上の議事の経過及び要領を明確にするためこの議事録を作り、議長及び出席総代次に記名押印する。

　　平成○○年○○月○○日

　　　　　　　　　宗教法人△△寺臨時総代会において
　　　　　　　　　　　議長代表役員　　甲　山　一　郎　㊞
　　　　　　　　　　　出　席　総　代　○　○　○　○　㊞
　　　　　　　　　　　　　　同　　　　○　○　○　○　㊞
　　　　　　　　　　　　　　同　　　　○　○　○　○　㊞
　　　　　　　　　　　　　　同　　　　○　○　○　○　㊞

第6章 目的(事業の種類を含む。)、名称、包括団体の名称及び宗教法人非宗教法人の別等の変更登記

(包括宗教団体の承認書)

```
              承    認    書

                    東京都台東区浅草一丁目1番1号
                    宗教法人○○寺

  宗教法人○○寺の規則を別紙(別紙は省略)のとおり変更することを承
認します。

    平成○○年○○月○○日

                    ○○県○○市○○町○丁目○番○号
                    ○○宗
                    代表役員    ○  ○  ○  ○  ㊞

  上記は原本と相違ないことを証明します。

    平成○○年○○月○○日

                    宗教法人△△寺
                    代表役員    甲  山  一  郎  ㊞
```

(委任状)

```
              委    任    状

                    東京都豊島区東池袋一丁目1番1号
                         山   川   太   郎

  私は、上記の者を代理人に定め、下記の権限を委任する。

 1  当宗教法人の名称変更の登記を申請する一切の件
 1  原本還付の請求及び受領の件

    平成○○年○○月○○日

                    東京都台東区浅草一丁目1番1号
                    宗教法人△△寺
                    代表役員    甲  山  一  郎  ㊞
```

(注) 代表役員の印鑑は、代表役員が登記所に提出している印鑑を押印します。

3　被包括関係の設定又は廃止の登記

> **Q30**
> 宗教法人の被包括関係の設定又は廃止の登記について、教えてください。

1　被包括関係の設定・廃止の手続

　宗教法人には、神社、寺院、教会などのように礼拝施設を備える「単位宗教法人」と、宗派、教派、教団のように神社、寺院、教会などを包括する「包括宗教団体」があります。単位宗教法人のうち包括宗教法人の傘下にある宗教法人を「被包括宗教法人」、傘下に入っていないものは「単立宗教法人」と呼ばれています。

　被包括宗教法人にとっては、包括宗教団体の名称及び宗教法人・非宗教法人の別が、規則記載事項及び登記事項とされています（法12条1項4号、52条2項4号）。したがって、被包括関係を設定・廃止する場合は、規則で定めるところによりその変更のための手続をし、その規則の変更について所轄庁の認証を受けなければなりませんが、そのほかに、被包括関係の設定の場合には、認証申請の少なくとも2か月前に、信者その他の利害関係人に対して公告をしなければならず（法26条2項）、また、認証申請の前に、被包括関係を設定しようとする宗教団体の承認を受けなければならないとされています（同条3項）。

　また、被包括関係を廃止する場合には、被包括関係の設定の場合と同様に、規則の変更手続を経たうえ、認証申請の少なくとも2か月前に信者その他の利害関係人に対する公告をするとともに、この公告と同時に包括団体に対して、廃止の旨を通知しなければなりません（同条3項）。

2　被包括関係の設定・廃止の登記

(1)　登記期間等

　宗教法人を包括する宗教団体を設定・廃止したときは、変更の生じた日から2週間以内に、主たる事務所の所在地において、変更の登記をしなければなりません（法53条）。変更年月日は、規則変更の認証書到達の日です。

第 6 章　目的（事業の種類を含む。）、名称、包括団体の名称及び宗教法人非宗教法人の別等の変更登記

なお、この期間内に登記をすることを怠ったときは、10万円以下の過料に処せられることがあります（法88条9号）。

(2) 申請人

代表役員が申請人となります。

(3) 添付書類

登記の申請書には、登記事項の変更を証する書面のほか、所轄庁の証明がある認証書の謄本を添付します（法63条3項・6項）。登記事項の変更を証する書面とは、次の書面が該当します。

ア　責任役員会の議事録
イ　総代の同意書（総代会の議事録）
ウ　包括宗教団体の承認書
エ　被包括関係の設定の承認を受け又は廃止の通知をしたことを証する書面
　(ｱ)　設定の場合は、被包括関係設定承認書
　(ｲ)　廃止の場合は、被包括関係廃止通知書
オ　公告をしたことを証する書面
カ　委任状

代理人によって登記を申請する場合は、代理権限を証する書面として、申請人の委任状を添付します（法65条、商業登記法18条）。

申請書書式
（被包括関係の設定・廃止の登記）

宗教法人変更登記申請書

1	名　　　称	○○寺
1	主たる事務所	東京都台東区浅草一丁目1番1号
1	登記の事由	包括宗教団体の定め設定 （又は包括宗教団体の定め廃止）
1	登記すべき事項	平成○○年○○月○○日包括宗教団体の定め設定 包括宗教団体の名称及び宗教法人非宗教法人の別 宗教法人○○宗

		（又は平成○○年○○月○○日包括宗教団体の定め廃止）	（注1）
1	認証書到達の年月日	平成○○年○○月○○日	
1	添 付 書 類	責任役員会議事録	1通
		総代の同意書（総代会議事録）	1通
		包括宗教団体の承認書	1通
		包括宗教団体の設定の承認を受け又は廃止の通知をしたことを証する書類	1通
		（設定の場合　被包括関係設定承認書）	
		（廃止の場合　被包括関係廃止通知書）	
		公告したことを証する書面	1通

　上記のとおり登記の申請をします。

　　平成○○年○○月○○日

　　　　　　　　　　　東京都台東区浅草一丁目1番1号
　　　　　　　　　　　申 請 人　　○○寺
　　　　　　　　　　　東京都墨田区墨田一丁目1番1号
　　　　　　　　　　　代表役員　　甲　山　一　郎　㊞ **(注2)**
　　　　　　　　　　　東京都豊島区東池袋一丁目1番1号
　　　　　　　　　　　代 理 人　　山　川　太　郎　㊞ **(注3)**
　　　　　　　　　　　連絡先の電話番号　○○○－○○○－○○○○

東京法務局台東出張所　御中

（注1）申請書に記載すべき登記事項を磁気ディスクに記録し（法務省令で定める電磁的記録に限る。）、申請書とともに提出した場合は、当該申請書には、当該磁気ディスクに記録された事項は記載する必要はありません（法65条、商業登記法17条4項）。
（注2）代表役員の印鑑は、代表役員が登記所に提出した印鑑を押印します。
（注3）代理人が申請する場合に記載し、代理人の印鑑を押印します。この場合には、代表役員の押印は必要ありません。

第6章　目的（事業の種類を含む。）、名称、包括団体の名称及び宗教法人非宗教法人の別等の変更登記

（被包括関係の設定の場合における責任役員会議事録）

責任役員会議事録

1　日　　　時　　平成〇〇年〇〇月〇〇日午前10時30分
1　場　　　所　　当法人会議室
1　責任役員定数　　6名
1　出　席　者　　代表役員　甲山一郎　　責任役員　乙川英雄
　　　　　　　　責任役員　丙野太郎　　責任役員　〇〇〇〇
　　　　　　　　責任役員　〇〇〇〇
1　議　　　題
　　宗教法人〇〇宗と被包括関係を設定することについて
1　議事の経過の要領及びその結果
　　定刻に至り、慣例により代表役員甲山一郎が議長となり、責任役員定数の3分の2以上が出席し、定足数に達したので、開会を宣し、直ちに議案の審議に入った。
　　　　議案　宗教法人〇〇宗との被包括関係の設定に伴う規則変更の件
　　議長は、当法人は宗教法人〇〇宗との被包括関係を設定したい旨を述べ、そのため、規則第〇条を第〇条に改め、以下順次繰り下げ、第〇条を次のように加えたい旨を諮ったところ、出席責任役員全員の一致をもって異議なく可決決定した。
　　　（包括宗教団体）
　　第〇条　この法人の包括宗教団体は、宗教法人「〇〇宗」とする。

（附則の最後に、次の附則を加える。）
　　　　附　　則
　　　この規則の変更は、東京都知事の認証書の交付を受けた日（平成〇〇年〇〇月〇〇日）から施行する。

　以上で議案の全部の審議を終了したので、議長は閉会を宣し、午前11時30分散会した。
　上記の議決を明確にするため、議長及び出席責任役員において、次に記名押印する。

　　平成〇〇年〇〇月〇〇日
　　　　　　　　　　　宗教法人〇〇寺責任役員会において
　　　　　　　　　　　　議長代表役員　　甲　山　一　郎　㊞
　　　　　　　　　　　　出席責任役員　　乙　川　英　雄　㊞

同	丙	野	太	郎	㊞
同	○	○	○	○	㊞
同	○	○	○	○	㊞

(総代同意書)

同　意　書

　宗教法人○○寺規則を下記のとおり変更することに同意します。

記

(規則変更案省略)

　　平成○○年○○月○○日

宗教法人○○寺

総代　○　○　○　○　㊞
同　　○　○　○　○　㊞
同　　○　○　○　○　㊞

(公告証明書)

公　告　証　明　書

　宗教法人○○宗と被包括関係を設定するため、宗教法人法第26条第2項の規定により、下記のとおり公告した。

記

1　公告の方法
　　平成○○年○○月○日から平成○○年○○月○○日まで、10日間事務所の掲示場に掲示し、平成○○年○○月○○日及び平成○○年○○月○○日発行の機関紙○○に掲載した。
2　公告文
　　別紙のとおり

　　平成○○年○○月○○日

第6章 目的(事業の種類を含む。)、名称、包括団体の名称及び宗教法人非宗教法人の別等の変更登記

```
                        宗教法人○○寺
                        代表役員    甲 山 一 郎  ㊞
```

(公告文)

被包括関係の設定公告

この度、下記のとおり、宗教法人○○宗と被包括関係を設定することになりましたので、宗教法人法第26条第2項の規定によって公告します。

　平成○○年○○月○○日

　信者その他の利害関係人　各位

```
                  東京都台東区浅草一丁目1番1号
                  宗教法人○○寺
                  代表役員    甲 山 一 郎  ㊞

                  記
```

(規則変更案の要旨省略)

(包括宗教団体の承認書)

承　認　書

```
                  東京都台東区浅草一丁目1番1号
                  宗教法人○○寺
```

貴宗教法人が、当法人と被包括関係を設定することを承認します。

　平成○○年○○月○○日

```
                  ○○県○○市○○町○丁目○番○号
                  ○○宗
                  代表役員   ○  ○  ○  ○  ㊞
```

(被包括関係廃止の通知書)

通　知　書

平成〇〇年〇〇月〇〇日

宗教法人〇〇宗
　代表役員　〇〇〇〇　殿

東京都台東区浅草一丁目1番1号
宗教法人〇〇寺
代表役員　甲　山　一　郎　㊞

　　　　　　被包括関係の廃止について（通知）

　この度、貴宗教法人との被包括関係を廃止することになりましたので、宗教法人法第26条第3項の規定によって通知します。

4　基本財産の総額の変更登記

Q31
基本財産の総額の変更登記の手続について、説明してください。

1　宗教法人の財産

　宗教法人の財産は、特別財産、基本財産、普通財産に区分されています。特別財産とは、宗教法人の宗教活動に固有の財産として宝物や什物のうちから設定されます。基本財産とは、宗教活動を行っていく上に必要な財政的基礎となる財産をいい、境内地や境内建物などのほか一定の基金が該当するとされています。また、普通財産とは、特別財産、基本財産以外の資産をいい、宗教団体の通常の活動に要する費用に充てられる財産をいいます（文化庁『宗教法人の規則（改訂版）』43頁（ぎょうせい））。

　宗教法人が基本財産を規則に定めたときは、その総額が登記事項とされていますので、基本財産の総額に変更を生じたときは、その変更の登記をしなければなりません。

　ところで、基本財産の設定、管理及び処分に関する事項は規則記載事項ですので、これらの事項に変更を生じたときは、当該宗教法人の規則に定める手続によって規則を変更した上、所轄庁の認証を受けなければなりません（法26条1項）。当該法人が基本財産の総額を規則に定めているときに、その総額に変更を生じた場合は、上記規則に定める規則変更の手続を経て、規則を変更し、所轄庁の認証を受けた上で変更登記をしなければなりません。他方、規則に基本財産の総額が具体的に定められていない場合には、規則変更の手続を経ることなく、基本財産の総額の変更登記をすることができます。

2　基本財産の総額の変更登記
(1)　登記期間等

　宗教法人の基本財産の総額に変更が生じたときは、変更の生じた日から、主たる事務所の所在地において2週間以内に、変更の登記をし

なければなりません（法53条）。
(2) **申請人**
　基本財産の総額の変更登記の申請は、代表役員が申請人となります。
(3) **添付書類**
　登記の申請書には、登記事項の変更を証する書面を添付します（法63条3項）。
　なお、宗教法人の規則の変更を要する場合には、規則で定める手続を経た上、所轄庁の認証を受けなければならないので、この場合には、所轄庁の証明がある認証書の謄本を添付します（同条6項）。
ア　責任役員会議事録
イ　総代の同意書（総代会の議事録）
ウ　委任状
　代理人によって登記を申請する場合は、代理権限を証する書面として、申請人の委任状を添付します（法65条、商業登記法18条）。

第6章　目的（事業の種類を含む。）、名称、包括団体の名称及び宗教法人非宗教法人の別等の変更登記

申請書書式
（宗教法人の基本財産の総額の変更登記―規則に基本財産の総額の記載がない場合）

宗教法人変更登記申請書

1　名　　　　称　　　　○○寺
1　主たる事務所　　　東京都台東区浅草一丁目1番1号
1　登 記 の 事 由　　　基本財産の総額変更
1　登記すべき事項　　平成○○年○○月○○日基本財産の総額変更
　　　　　　　　　　　金○○○万円（注1）
1　添 付 書 類　　　責任役員会議事録　　1通
　　　　　　　　　　　総代の同意書　　　　1通
　　　　　　　　　　　（財産目録）　　　　1通）
　　　　　　　　　　　委任状　　　　　　　1通

　上記のとおり登記の申請をします。

　平成○○年○○月○○日

　　　　　　　　　　　東京都台東区浅草一丁目1番1号
　　　　　　　　　　　申 請 人　　　○○寺
　　　　　　　　　　　東京都墨田区墨田一丁目1番1号
　　　　　　　　　　　代表役員　　甲　山　一　郎　㊞（注2）
　　　　　　　　　　　東京都豊島区東池袋一丁目1番1号
　　　　　　　　　　　代 理 人　　山　川　太　郎　㊞（注3）
　　　　　　　　　　　連絡先の電話番号　　○○○-○○○-○○○○

東京法務局台東出張所　御中

（注1）申請書に記載すべき登記事項を磁気ディスクに記録し（法務省令で定める電磁的記録に限る。）、申請書とともに提出した場合は、当該申請書には、当該磁気ディスクに記録された事項は記載する必要はありません（法65条、商業登記法17条4項）。
（注2）代表役員の印鑑は、代表役員が登記所に提出した印鑑を押印します。
（注3）代理人が申請する場合に記載し、代理人の印鑑を押印します。この場合には、代表役員の押印は必要ありません。

（責任役員会議事録）

責任役員会議事録

1 日　　　時　　平成〇〇年〇〇月〇〇日午前10時30分
1 場　　　所　　当法人会議室
1 責任役員定数　6名
1 出　席　者　　代表役員　甲山一郎　　責任役員　乙川英雄
　　　　　　　　責任役員　丙野太郎　　責任役員　〇〇〇〇
　　　　　　　　責任役員　〇〇〇〇　　責任役員　〇〇〇〇

1 議　　　題
　宗教法人の基本財産の総額を変更することについて

1 議事の経過の要領及びその結果
　定刻に至り、慣例により代表役員甲山一郎が議長となり、責任役員の全員が出席し、定足数を満たしたので開会を宣し、直ちに議案の審議に入った。
　　議案　基本財産の総額を増加する件
　議長は、当法人に対し、東京都中野区中野一丁目1番1号〇〇〇〇から基本財産に編入するため〇〇万円あての寄附があったので、これを基本財産に加えて基本財産の総額を〇〇〇万円に増加したい旨の説明をし、議場に諮ったところ、満場一致をもって異議なく可決決定した。

　上記の決議を明確にするためこの議事録を作り、議長及び出席責任役員次に記名押印する。

　　平成〇〇年〇〇月〇〇日

　　　　　　　　宗教法人〇〇寺責任役員会
　　　　　　　　　議長代表役員　　甲　山　一　郎　㊞
　　　　　　　　　出席責任役員　　乙　川　英　雄　㊞
　　　　　　　　　　　同　　　　　丙　野　太　郎　㊞
　　　　　　　　　　　同　　　　　〇　〇　〇　〇　㊞
　　　　　　　　　　　同　　　　　〇　〇　〇　〇　㊞
　　　　　　　　　　　同　　　　　〇　〇　〇　〇　㊞

第6章　目的（事業の種類を含む。）、名称、包括団体の名称及び宗教法人非宗教法人の別等の変更登記

（総代会議事録）

臨時総代会議事録

1　開催の日時　　平成〇〇年〇〇月〇〇日午後2時
1　開催の場所　　当法人事務所
1　総代総数　　　〇名
1　出席総代数　　〇名

　　上記のとおり規則所定の員数の出席を得たので、本総代会は適法に成立した。

　　よって代表役員甲山一郎は議長席に着き開会を宣し、下記議案を付議したところ、満場一致をもって、可決同意した。

記

議案　基本財産の総額を増加する件
　東京都中野区中野一丁目1番1号〇〇〇〇から基本財産に編入するため〇〇万円あての寄附があったので、これを基本財産に加えて基本財産の総額を〇〇〇万円に増加すること。

以上をもって本日の議案の全部を終了したので、議長は閉会を宣し午後3時に散会した。

以上の議事の経過及び要領を明確にするためこの議事録を作り、議長及び出席総代次に記名押印する。

　平成〇〇年〇〇月〇〇日

　　　　　　　　　　　宗教法人〇〇寺臨時総代会において
　　　　　　　　　　　　議長代表役員　甲　山　一　郎　㊞
　　　　　　　　　　　　出　席　総　代　〇　〇　〇　〇　㊞
　　　　　　　　　　　　　　　　同　　　　〇　〇　〇　〇　㊞
　　　　　　　　　　　　　　　　同　　　　〇　〇　〇　〇　㊞
　　　　　　　　　　　　　　　　同　　　　〇　〇　〇　〇　㊞

（注）規則に、総代の議決又は同意を得なければならない旨の定めがある場合は、添付が必要です。

(委任状)

委　任　状

　　　　　　　　　　東京都豊島区東池袋一丁目１番１号
　　　　　　　　　　　　　山　川　太　郎

　私は、上記の者を代理人に定め、下記の権限を委任する。
　１　当宗教法人の基本財産の総額の変更登記を申請する一切の件
　１　原本還付の請求及び受領の件

　　平成〇〇年〇〇月〇〇日

　　　　　　　　　　東京都台東区浅草一丁目１番１号
　　　　　　　　　　　宗教法人〇〇寺
　　　　　　　　　　　代表役員　　甲　山　一　郎　㊞

(注) 代表役員の印鑑は、代表役員が登記所に提出している印鑑を押印します。

(登記完了届)

　　　　　　　　　　　　　　　　　　　平成〇〇年〇〇月〇〇日

　東京都知事　殿

　　　　　　　　　　東京都台東区浅草一丁目１番１号
　　　　　　　　　　　宗教法人〇〇寺
　　　　　　　　　　　代表役員　　甲　山　一　郎　㊞

　基本財産の総額を変更し、宗教法人法第53条の規定による変更の登記をしましたので、同法第９条の規定により、登記事項証明書を添えてお届けします。

[第7章　事務所の移転等の登記]

1　主たる事務所の移転（管轄区域外への移転）の登記

Q32
宗教法人の主たる事務所を登記所の管轄区域外に移転する場合の手続を教えてください。

　主たる事務所は、規則の絶対的記載事項です。登記実務の取扱いでは、規則に記載すべき主たる事務所の所在地は、最小行政区画である市区町村までを表示すれば足り、所在地番まで表示する必要はないとされています（大正13.12.17民事第1194号回答、法務省民事局編『登記関係先例集上』1034頁（テイハン））。この場合には、その行政区画内で所在場所を移転しても規則の変更を要しませんが、その所在地である最小行政区画が変更になる場合には規則を変更して新所在地に改める必要があります。また、規則に「この法人は、主たる事務所を○○県○○市○○町○丁目○番○号に置く。」というように所在場所まで記載している場合には、同じ最小行政区画内の移転であっても、規則の変更が必要です。規則の変更は、規則で定めるところによりその変更のための手続を経て、所轄庁の認証を受けなければなりません（法26条1項）。したがって、規則に、責任役員会の議決のほかに総代や信者総会等の議決又は同意を得なければならない旨の定めがある場合には、その議決又は同意も得なければなりませんし、包括宗教団体の承認が必要であるとされている場合には、その承認も得なければなりません。
　なお、主たる事務所の移転の時期及び場所については、責任役員会において決定します（法18条4項）。
　登記所の管轄区域外に主たる事務所を移転した場合には、主たる事務所の新所在地及び旧所在地のほか、従たる事務所の所在地においても、主たる事務所移転の登記をする必要があります。

Q33 主たる事務所を移転したときの登記を申請する管轄登記所について、教えてください。

　宗教法人の登記に関する事務は、その事務所の所在地を管轄する法務局若しくは地方法務局若しくはこれらの支局又は出張所が管轄登記所となります（法62条1項）が、多くの法務局及び地方法務局においては、商業法人の登記に係る管轄を法務局若しくは地方法務局の本局に集中させていますので、登記申請をする際には注意する必要があります。

1　新主たる事務所の所在地を管轄する登記所が旧主たる事務所の所在地を管轄する登記所と同じである場合（同一登記所の場合）

　登記所の管轄区域内において主たる事務所を移転した場合には、主たる事務所の所在地において、主たる事務所移転の登記をする必要があります。例えば、従来、多くの登記所の管轄区域は、最小行政区画単位ごとに区分されていましたので、同一の最小行政区画内において主たる事務所を移転するような場合には、多くの場合、管轄登記所は同じ登記所となっていました。

　現在、多くの法務局又は地方法務局においては、法人の事務所の所在地を管轄する区域を、その府県内に1か所から数か所程度に集中させて管轄区域の拡大が図られていますので、例えば、A市からB市に移転しても、同じ府県内であれば、管轄登記所が変わるということが少なくなっています。

2　新主たる事務所の所在地を管轄する登記所が旧主たる事務所の所在地を管轄する登記所と異なる場合（異なる登記所の場合）

　登記所の管轄区域外に主たる事務所を移転した場合には、主たる事務所の新所在地及び旧所在地において、主たる事務所移転の登記をする必要があります。

　登記所の管轄区域については、北海道の札幌法務局及び函館、旭川、釧路の各地方法務局を除き、都府県単位に区分されています。したがって、同じ都府県内で主たる事務所を移転し、その都府県内には1つの管轄登記所しかないときは、同一の登記所内における主たる事務所の移転

ということになります。

　なお、その都府県内に複数の管轄登記所がある、例えば、東京法務局のような場合には、都内の主たる事務所の移転であっても、主たる事務所の所在地を管轄する登記所が異なる場合があります。注意を要する点です。

Q34 主たる事務所を登記所の管轄区域外に移転する場合の登記手続について、教えてください。

　宗教法人が主たる事務所を他の登記所の管轄区域内に移転した場合には、旧所在地における登記の申請書と新所在地における登記の申請書とを、同時に旧所在地を管轄する登記所に提出する必要があります。また、これらの登記申請書とともに、新所在地を管轄する登記所にする印鑑の届出も旧所在地を管轄する登記所を経由してしなければなりません。

　旧所在地を管轄する登記所では、旧所在地あての申請書及び新所在地あての申請書の双方を審査し、いずれかにつき却下の事由があるときは、これらの申請を共に却下することを要し（法65条、商業登記法52条1項）、却下の事由が存しないときは、新所在地あての申請書及び印鑑届書を新所在地を管轄する登記所に送付します。その後、新所在地において登記をした旨の通知を待って、旧所在地において事務所移転の登記をすることになります（法65条、商業登記法52条2項～5項）。

(1) 旧所在地における登記

　ア　登記期間及び登記すべき事項

　　　宗教法人が主たる事務所を他の登記所の管轄区域内に移転したときは、移転した日から2週間以内に、旧所在地においては移転の登記をし、新所在地においては設立の際の登記事項と同一の事項を登記しなければならないとされています（法54条）。なお、旧所在地における登記すべき事項は、移転後の主たる事務所の所在場所及び移転年月日です。

イ　登記申請人

　　　登記の申請は、代表役員が申請人になります。

　ウ　添付書類

　　　登記の申請書には、登記事項の変更を証する書面のほか、所轄庁の証明がある認証書の謄本を添付します（法63条3項・6項）。登記事項の変更を証する書面とは、次の書面が該当します。

　　(ｱ)　責任役員会議事録
　　(ｲ)　総代の同意書（総代会の議事録）
　　(ｳ)　包括宗教団体の承認書
　　(ｴ)　委任状
　　　　代理人によって登記を申請する場合は、代理権限を証する書面として、申請人の委任状を添付します（法65条、商業登記法18条）。

(2)　新所在地における登記

　ア　登記すべき事項

　　　登記すべき事項は、次のとおりです。

　　(ｱ)　設立の登記事項と同一の事項（法54条）
　　(ｲ)　法人成立の年月日（法65条、商業登記法53条）
　　(ｳ)　主たる事務所を移転した旨及びその年月日（法65条、商業登記法53条）
　　(ｴ)　現に存する代表役員の就任年月日（各種法人等登記規則5条、商業登記規則65条2項）

　イ　添付書面

　　　新所在地において登記をする場合には、代理人によって登記を申請する場合の委任状以外の添付書面は要しないとされています（法65条、商業登記法51条3項）。

　ウ　印鑑届出

　　　登記所の管轄区域外に主たる事務所を移転した場合には、新所在地における登記を申請するのと同時に、印鑑を提出する必要があります（法65条、商業登記法20条）。申請人は、登記申請書及び印鑑届書を旧所在地を管轄する登記所に提出することとされています（法65条、商業登記法51条1項）。

(3) 従たる事務所の所在地における登記の申請

　登記所の管轄区域外に主たる事務所を移転した場合には、主たる事務所の新所在地及び旧所在地のほか、従たる事務所の所在地においても、主たる事務所移転の登記をする必要があります。従たる事務所の所在地における登記の手続は、申請書に、新主たる事務所の所在地においてした登記を証する書面（登記事項証明書）を添付して行います。

申請書書式
（主たる事務所移転登記申請書―旧所在地用）

宗教法人主たる事務所移転登記申請書

```
1　名　　　　称　　○○寺
1　主 た る 事 務 所　　東京都台東区浅草一丁目1番1号（注1）
1　登 記 の 事 由　　主たる事務所移転
1　認証書到達の年月日　　平成○○年○○月○○日
1　登 記 す べ き 事 項　　平成○○年○○月○○日主たる事務所移転
　　　　　　　　　　　主たる事務所
　　　　　　　　　　　東京都中野区中野一丁目1番1号（注2）
1　添　付　書　類　　規則変更認証書の謄本　　1通
　　　　　　　　　　　規則　　　　　　　　　　1通（注3）
　　　　　　　　　　　責任役員会議事録　　　　1通
　　　　　　　　　　　総代同意書　　　　　　　1通
　　　　　　　　　　　包括宗教団体の承認書　　1通
　　　　　　　　　　　委任状　　　　　　　　　1通（注4）
```

　上記のとおり登記の申請をします。

　　平成○○年○○月○○日

　　　　　　　　　　東京都中野区中野一丁目1番1号（注5）
　　　　　　　　　　申　請　人　　○○寺
　　　　　　　　　　東京都墨田区墨田一丁目1番1号
　　　　　　　　　　代表役員　　甲　山　一　郎　㊞（注6）
　　　　　　　　　　東京都豊島区東池袋一丁目1番1号
　　　　　　　　　　代　理　人　　山　川　太　郎　㊞（注7）
　　　　　　　　　　連絡先の電話番号　　○○○―○○○―○○○○

　東京法務局台東出張所　御中（注8）

(注1) 旧主たる事務所を記載します。
(注2) 本例は、登記すべき事項を直接申請書に記載する方法による場合ですが、登記すべき事項については、登記申請書への記載に代えて、磁気ディスク（法務省令で定める電磁的記録に限る。）であるCD-R又はFD（フロッピーディスク）に記録し、これを登記所に提出することができます（法65条、商業登記法17条4項）。
(注3) 規則に定める規則変更の要件を明らかにするために規則を添付します。
(注4) 代理人に登記申請を委任した場合に添付します。
(注5) 新主たる事務所を記載します。
(注6) 代表役員の印鑑は、代表役員が登記所に提出した印鑑を押印します。
(注7) 代理人が申請する場合に記載し、代理人の印鑑を押印します。この場合には、代表役員の押印は必要ありません。
(注8) 旧主たる事務所を管轄する登記所あてに提出します。

（責任役員会議事録）

責任役員会議事録

1　日　　　時　　平成○○年○○月○○日午前10時30分
1　場　　　所　　当法人会議室
1　責任役員定数　6名
1　出　席　者　　代表役員　甲山一郎　　責任役員　乙川英雄
　　　　　　　　責任役員　丙野太郎　　責任役員　○○○○
　　　　　　　　責任役員　○○○○　　責任役員　○○○○
1　議　　　題
　　宗教法人の主たる事務所の移転について
1　議事の経過の要領及びその結果
　　定刻に至り、慣例により代表役員甲山一郎が議長となり、責任役員の全員が出席し、規則に定める定足数を満たしたので開会を宣し、直ちに議案の審議に入った。
　　　議案　主たる事務所の移転に伴う規則変更の件
　　議長は、当法人の主たる事務所を東京都中野区に移転したい旨を述べ、これに伴い規則第○条を次のとおり変更する必要があることを説明し、これを議場に諮ったところ、責任役員全員異議なく可決決定した。
　（事務所の所在地）
　第○条　この宗教法人は、主たる事務所を東京都中野区中野一丁目1番
　　　　1号に置き、従たる事務所を東京都府中市府中一丁目1番1号に置く。
　　　　議案　移転の時期
　　議長は、規則の変更に伴い、主たる事務所を、東京都中野区中野一丁目1番1号に移転したい旨を述べ、その移転する日を平成○○年○○月○○日とすることを諮ったところ、責任役員全員異議なく可決決定した。
　　上記の決議を明確にするためこの議事録を作り、議長及び出席責任役員次に記名押印する。
　　　平成○○年○○月○○日
　　　　　　　　　　　　　宗教法人○○寺責任役員会
　　　　　　　　　　　　　　議長代表役員　甲　山　一　郎　㊞
　　　　　　　　　　　　　　出席責任役員　乙　川　英　雄　㊞
　　　　　　　　　　　　　　　　同　　　　丙　野　太　郎　㊞
　　　　　　　　　　　　　　　　同　　　　○　○　○　○　㊞
　　　　　　　　　　　　　　　　同　　　　○　○　○　○　㊞
　　　　　　　　　　　　　　　　同　　　　○　○　○　○　㊞

（総代同意書）

同　意　書

宗教法人○○寺規則を下記のとおり変更することに同意する。

記

規則第○条中「主たる事務所を東京都台東区浅草一丁目1番1号に置き」とあるを「主たる事務所を東京都中野区中野一丁目1番1号に置き」と変更すること。

平成○○年○○月○○日

　　　　　　　　　　　宗教法人○○寺
　　　　　　　　　　　　総代　○　○　○　○　㊞
　　　　　　　　　　　　同　　○　○　○　○　㊞
　　　　　　　　　　　　同　　○　○　○　○　㊞

（包括宗教団体の承認書）

承　認　書

　　　　　　　　　　　東京都台東区浅草一丁目1番1号
　　　　　　　　　　　　　　　　宗教法人○○寺

宗教法人○○寺規則を別紙のとおり変更することを承認します。

平成○○年○○月○○日

　　　　　　　　　　○○県○○市○○町○丁目○番○号
　　　　　　　　　　○○宗
　　　　　　　　　　　代表役員　○　○　○　○　㊞

（注）別紙省略

(委任状)

委 任 状

東京都豊島区東池袋一丁目1番1号
山 川 太 郎

　私は、上記の者を代理人に定め、次の権限を委任する。

1　当法人の主たる事務所移転の登記を申請する一切の件
1　原本還付の請求及び受領の件

　平成○○年○○月○○日

東京都中野区中野一丁目1番1号
宗教法人○○寺
代表役員　　甲　山　一　郎　㊞

(注) 代表役員の印鑑は、代表役員が登記所に提出している印鑑を押印します。

申請書書式
（主たる事務所移転登記申請書―新所在地用）

宗教法人主たる事務所移転登記申請書

1　名　　　　　称　　○○寺
1　主 た る 事 務 所　　東京都中野区中野一丁目1番1号（注1）
1　登 記 の 事 由　　主たる事務所移転
1　認証書到達の年月日　平成○○年○○月○○日
1　登 記 す べ き 事 項　別添 CD-R のとおり（注2）
1　添 付 書 類　　　委任状　　1通

上記のとおり登記の申請をします。

　平成○○年○○月○○日

　　　　　　　　　東京都中野区中野一丁目1番1号
　　　　　　　　　申 請 人　　○○寺
　　　　　　　　　東京都墨田区墨田一丁目1番1号
　　　　　　　　　代表役員　　甲　山　一　郎　㊞
　　　　　　　　　東京都豊島区東池袋一丁目1番1号
　　　　　　　　　代 理 人　　山　川　太　郎　㊞
　　　　　　　　　連絡先の電話番号　○○○－○○○－○○○○

東京法務局中野出張所　御中（注3）

（注1）新主たる事務所を記載します。
（注2）申請書に記載すべき登記事項を磁気ディスクに記録し（法務省令で定める電磁的記録に限る。）、申請書とともに提出した場合は、当該申請書には、当該磁気ディスクに記録された事項は記載する必要はありません（法65条、商業登記法17条4項）。
（注3）本件申請は、移転後の主たる事務所の所在地を管轄する登記所あてとします。

（登記事項を記録した磁気ディスクを提出する場合の登記事項の記録例）

「名称」○○寺
「主たる事務所」東京都中野区中野一丁目１番１号
「法人成立の年月日」平成○○年○○月○○日
「目的等」
目的
　この法人は、○○を本尊として、○○宗の教義を広め、儀式行事を行い、信者を教化育成することを目的とし、その目的を達成するために必要な業務を行う。
「役員に関する事項」
「資格」代表役員
「住所」東京都墨田区墨田一丁目１番１号
「氏名」甲山一郎
「原因年月日」平成○○年○○月○日重任
「従たる事務所番号」１
「従たる事務所の所在地」東京都府中市府中一丁目１番１号
「包括団体の名称」○○宗
「宗教法人非宗教法人の別」宗教法人
「基本財産の総額」金○○○万円
「公告の方法」この法人の公告は、この寺院の機関紙に２回掲載し、事務所の掲示場に１０日間掲示して行う。
「登記記録に関する事項」
　平成○○年○○月○○日東京都台東区浅草一丁目１番１号から主たる事務所移転

（注） 宗教法人が公益事業又は公益事業以外の事業を行う場合には、その旨を記載します。

2　主たる事務所の移転（管轄区域内の移転）の登記

Q35 主たる事務所を同一登記所の管轄区域内で移転する場合の登記手続について、教えてください。

1　事務所移転の手続

　主たる事務所の移転は、規則に、その所在地が最小行政区画により表示されている場合において、その所在地である最小行政区画が変更になる場合には、規則で定める手続により規則を変更した上、責任役員会の決議により、移転の時期及び場所（規則で定める最小行政区画内の具体的場所）を定めることによって行います。規則を変更しない場合には、責任役員会の決議で主たる事務所の移転場所及び移転時期を決定するだけで足ります。

　登記所の管轄区域内において主たる事務所を移転した場合には、主たる事務所の所在地のほか、主たる事務所の所在地を管轄する登記所以外の登記所の管轄区域内に従たる事務所がある場合には、従たる事務所の所在地においても、主たる事務所移転の登記をする必要があります（法59条3項）。

2　主たる事務所所在地における登記手続

　同一の登記所の管轄区域内において主たる事務所を移転した場合には、管轄区域外への主たる事務所の移転と異なり、1通の申請書を提出すれば足ります。

(1) **登記期間**

　宗教法人が主たる事務所を同一の登記所の管轄区域内において移転したときは、2週間以内に、その主たる事務所の所在地において、変更の登記をしなければなりません（法53条）。また、従たる事務所での主たる事務所の移転の登記は、3週間以内に、当該従たる事務所の所在地において登記をしなければなりません（法59条2項2号・3項）。

(2) **登記すべき事項**

登記すべき事項は、移転後の主たる事務所の所在場所及び移転年月日です。

(3) **申請人**

登記の申請は、代表役員が申請人になります。

(4) **添付書類**

登記の申請書には、登記事項の変更を証する書面を添付しなければならないとされています（法63条3項）。

ア　責任役員会議事録

規則を変更しない場合には、主たる事務所の移転場所及び移転時期について決定した責任役員会議事録を添付します。

イ　総代同意書、規則変更認証書の謄本及び包括宗教団体の承認書

規則の変更を要する場合には、総代同意書（総代会議事録）、所轄庁の規則変更認証書の謄本及び包括宗教団体の承認書も添付書面となります。

ウ　委任状

代理人によって登記を申請する場合は、代理権限を証する書面として、申請人の委任状を添付します（法65条、商業登記法18条）。

3　**従たる事務所における登記手続**

従たる事務所の所在地における登記の手続は、申請書1通に、主たる事務所の所在地で登記をしたことを証する登記事項証明書を添付して行います。

申請書書式
（主たる事務所の移転登記―規則の変更を伴なわないで管轄区域内で移転する場合）

宗教法人主たる事務所移転登記申請書

1　名　　　　称　　○○寺
1　主たる事務所　　東京都台東区浅草一丁目１番１号（注１）
1　登記の事由　　　主たる事務所の移転
1　（認証書到達の年月日　平成○○年○○月○○日）
1　登記すべき事項　平成○○年○○月○○日主たる事務所を東京都台東区台東一丁目１番１号に移転（注２）
1　添　付　書　類　責任役員会議事録　　　１通
　　　　　　　　　（総代同意書及び包括宗教
　　　　　　　　　団体の承認書　　　　１通）
　　　　　　　　　委任状　　　　　　　１通（注３）

　上記のとおり登記の申請をします。

　　平成○○年○○月○○日

　　　　　　　　　東京都台東区台東一丁目１番１号（注４）
　　　　　　　　　申　請　人　　○○寺
　　　　　　　　　東京都墨田区墨田一丁目１番１号
　　　　　　　　　代表役員　　甲　山　一　郎　㊞（注５）
　　　　　　　　　東京都豊島区東池袋一丁目１番１号
　　　　　　　　　代　理　人　　山　川　太　郎　㊞（注６）
　　　　　　　　　連絡先の電話番号　　○○○－○○○－○○○○

東京法務局台東出張所　御中

（注１）旧主たる事務所を記載します。
（注２）本例は、登記すべき事項を直接申請書に記載する方法による場合ですが、登記すべき事項については、登記申請書への記載に代えて、磁気ディスク（法務省令で定める電磁的記録に限る。）であるCD-R又はFD（フロッピーディスク）に記録し、これを登記所に提出することができます（法65条、商業登記法17条4項）。
（注３）代理人に登記申請を委任した場合に添付します。
（注４）新主たる事務所を記載します。

(**注5**) 代表役員の印鑑は、代表役員が登記所に提出した印鑑を押印します。
(**注6**) 代理人が申請する場合に記載し、代理人の印鑑を押印します。この場合には、代表役員の押印は必要ありません。

(責任役員会議事録)

責任役員会議事録

1 日　　　時　　平成○○年○○月○○日午前10時30分
1 場　　　所　　当法人会議室
1 責任役員定数　6名
1 出　席　者　　代表役員　甲山一郎　　責任役員　乙川英雄
　　　　　　　　責任役員　丙野太郎　　責任役員　○○○○
　　　　　　　　責任役員　○○○○　　責任役員　○○○○
1 議　　　題
　　宗教法人の主たる事務所の移転について
1 議事の経過の要領及びその結果
　　慣例により、代表役員甲山一郎が議長に就任し、直ちに議案の審議に入った。
　　　　議案　主たる事務所の移転の件
　　議長は、主たる事務所を、東京都台東区台東一丁目1番1号に移転したい旨を述べ、その移転する日を平成○○年○○月○○日とすることを図ったところ、責任役員全員異議なく可決決定した。

　　上記の決議を明確にするためこの議事録を作り、議長及び出席責任役員次に記名押印する。

　　平成○○年○○月○○日

　　　　　　　　　　宗教法人○○寺責任役員会
　　　　　　　　　　　議長代表役員　　甲　山　一　郎　㊞
　　　　　　　　　　　出席責任役員　　乙　川　英　雄　㊞
　　　　　　　　　　　　　同　　　　　丙　野　太　郎　㊞
　　　　　　　　　　　　　同　　　　　○　○　○　○　㊞
　　　　　　　　　　　　　同　　　　　○　○　○　○　㊞
　　　　　　　　　　　　　同　　　　　○　○　○　○　㊞

3　従たる事務所の所在地における主たる事務所移転の登記

Q36
主たる事務所の管轄区域外にある従たる事務所の所在地において、主たる事務所の移転の登記をしたいのですが、その手続を教えてください。

　宗教法人の主たる事務所の所在場所に変更が生じたときは、主たる事務所の所在地のほか、3週間以内に、従たる事務所の所在地において、主たる事務所の所在場所の変更の登記をする必要があります（法59条3項）。従たる事務所の所在地において登記をする場合には、1通の申請書を提出すれば足りますし、添付書面についても、新主たる事務所の所在地においてした登記を証する書面（登記事項証明書）を添付するのみです（法65条、商業登記法48条1項）。

申請書書式
(主たる事務所移転登記申請書―従たる事務所所在地用)

宗教法人主たる事務所移転登記申請書

```
1  名        称      ○○寺
1  主 た る 事 務 所   東京都台東区浅草一丁目1番1号 (注1)
1  従 た る 事 務 所   東京都府中市府中一丁目1番1号
1  登 記 の 事 由     主たる事務所の移転
(1 認証書到達の年月日   平成○○年○○月○○日)(注2)
1  登 記 す べ き 事 項  平成○○年○○月○○日主たる事務所を東京
                      都台東区台東一丁目1番1号に移転
1  添 付 書 類       登記事項証明書   1通
```

　上記のとおり登記の申請をします。

　　平成○○年○○月○○日

　　　　　　　　　東京都台東区台東一丁目1番1号 (注3)
　　　　　　　　　申 請 人　　○○寺
　　　　　　　　　東京都墨田区墨田一丁目1番1号
　　　　　　　　　代表役員　　甲 山 一 郎 ㊞ (注4)
　　　　　　　　　東京都豊島区東池袋一丁目1番1号
　　　　　　　　　代 理 人　　山 川 太 郎　㊞ (注5)
　　　　　　　　　連絡先の電話番号　○○○－○○○－○○○○

東京法務局府中支局　御中

(注1) 旧主たる事務所を記載します。
(注2) 規則の変更を要する場合に記載します。
(注3) 新主たる事務所を記載します。
(注4) 代表役員の印鑑は、代表役員が登記所に提出した印鑑を押印します。
(注5) 代理人が申請する場合に記載し、代理人の印鑑を押印します。この場合には、代表役員の押印は必要ありません。

4　従たる事務所の設置の登記

Q37
宗教法人の成立後に従たる事務所を設置したいのですが、その手続を教えてください。

　宗教法人が成立後に従たる事務所を設ける場合には、事務所の所在地は規則の記載事項とされています（法12条1項3号）ので、初めて従たる事務所を設置する場合には、規則で定めるところにより規則を変更するための手続をし、その規則の変更について所轄庁の認証を受けなければなりません（法26条1項）。規則に、責任役員会の議決及び総代や信者総会等の議決又は同意を得なければならない旨の定めがある場合には、その議決又は同意を得なければなりませんし、包括宗教団体の承認が必要とされている場合には、その承認を得なければなりません。
　なお、従たる事務所の設置の時期及び場所については、責任役員会において定めることになります。
　従たる事務所を設置した場合には、主たる事務所の所在地のほか、設置に係る当該従たる事務所の所在地においても、その登記をする必要があります（法59条1項）。
　また、宗教法人は、従たる事務所設置の登記をしたときは、所轄庁に対し、従たる事務所設置登記完了届をしなければなりません（法9条）。

Q38
従たる事務所を設置した場合の登記手続について、説明してください。

　従たる事務所を設置したときは、主たる事務所の所在地のほか、設置に係る当該従たる事務所の所在地においても、その登記をする必要があります（法53条、59条1項）。

1 主たる事務所所在地における登記手続
 (1) 登記期間
　　宗教法人が法人の成立後に従たる事務所を設けた場合には、主たる事務所の所在地においては、設置した日から2週間以内に、従たる事務所の設置による変更の登記をしなければならないとされています（法53条）。
 (2) 登記すべき事項
　　登記すべき事項は、設置後の従たる事務所の所在場所及び変更年月日です。
 (3) 添付書類
　　登記の申請書には、登記事項の変更を証する書面のほか、所轄庁の証明がある認証書の謄本を添付します（法63条3項・6項）。登記事項の変更を証する書面とは、次の書面が該当します。
　ア　責任役員会議事録
　イ　総代の同意書（総代会の議事録）
　ウ　包括宗教団体の承認書
　エ　委任状
　　代理人によって登記を申請する場合は、代理権限を証する書面として、申請人の委任状を添付します（法65条、商業登記法18条）。

2 従たる事務所所在地における登記手続
 (1) 登記期間
　　従たる事務所の所在地においては、従たる事務所を設けた日から3週間以内に、従たる事務所の設置による変更の登記をしなければなりません（法59条1項3号）。
 (2) 登記すべき事項
　　登記すべき事項は、名称、主たる事務所の所在場所及び従たる事務所の所在場所のほか、宗教法人成立の年月日、従たる事務所を設置した旨及びその年月日です（法59条2項、65条、商業登記法48条2項）。
　　また、既存の従たる事務所の所在地内に新たに従たる事務所を設置した場合には、当該設置した従たる事務所及び従たる事務所設置の年月日を登記すれば足ります（法59条2項ただし書）。
　　なお、当該従たる事務所が主たる事務所の所在地も管轄する登記所

の管轄区域内にあるときは、変更の登記をすれば足ります（法53条）。

(3) 添付書類

添付書面は、主たる事務所の所在地においてした登記を証する書面（登記事項証明書）のみです（法65条、商業登記法48条1項）。

申請書書式
（従たる事務所の設置の登記―主たる事務所の所在地及び従たる事務所の所在地においてする登記の一括申請）

```
               宗教法人従たる事務所設置登記申請書

 1  名          称    ○○寺
 1  主 た る 事 務 所   東京都中野区中野一丁目1番1号
 1  従 た る 事 務 所   東京都八王子市西八王子一丁目1番1号
                      管轄登記所　東京法務局八王子支局（注1）
 1  登 記 の 事 由    従たる事務所設置
 1  認証書到達の年月日  平成○○年○○月○○日
 1  登記すべき事項    平成○○年○○月○○日従たる事務所設置
                      従たる事務所
                      東京都八王子市西八王子一丁目1番1号
                                                    （注2）
 1  登 記 手 数 料    金300円（注3）
                      従たる事務所所在地登記所数　1庁
 1  添 付 書 類      規則変更認証書の謄本      1通
                      規則                    1通
                      責任役員会議事録          1通
                      総代同意書              1通
                      包括宗教団体の承認書      1通
                      委任状                  1通（注4）

    上記のとおり登記の申請をします。

      平成○○年○○月○○日

                    東京都中野区中野一丁目1番1号
                    申 請 人　　○○寺
                    東京都墨田区墨田一丁目1番1号
```

```
                        代表役員    甲 山 一 郎 ㊞（注5）
                        東京都豊島区東池袋一丁目1番1号
                        代 理 人    山 川 太 郎 ㊞（注6）
                        連絡先の電話番号   ○○○－○○○－○○○○

  東京法務局中野出張所    御中
```

(注1) 本例は、従たる事務所の所在地においてする登記を、従たる事務所の所在地においてする登記の申請と主たる事務所の所在地においてする登記の一括申請をする場合です。この場合、従たる事務所の所在地においてする登記の申請と主たる事務所の所在地においてする登記の申請とは、同一の書面をもって同時に一括して申請しなければなりません。従たる事務所の所在地においてする登記の申請には、何ら書面の添付は必要ありません（法65条、商業登記法49条1項・3項～5項、各種法人等登記規則5条、商業登記規則63条1項）。

(注2) 本例は、登記すべき事項を直接申請書に記載する方法による場合ですが、申請書に記載すべき登記事項を磁気ディスクに記録し（法務省令で定める電磁的記録に限る。）、申請書とともに提出した場合は、当該申請書には、当該磁気ディスクに記録された事項は記載する必要はありません（法65条、商業登記法17条4項）。なお、一括申請ではなく、従たる事務所の所在地において申請する場合は、申請書に記載すべき登記事項は、主たる事務所の所在地においてした登記を証する書面（登記事項証明書）の記載を引用して記載することができます（各種法人等登記規則5条、商業登記規則62条1項）。申請書に記載する登記すべき事項は、「別紙登記事項証明書のとおり」のように記載します。

(注3) 従たる事務所の所在地においてする登記の申請と主たる事務所の所在地においてする登記の一括申請は、1件につき300円の手数料を収入印紙で納付します（登記手数料令12条）。

(注4) 代理人に登記申請を委任した場合に添付します。

(注5) 代表役員の印鑑は、代表役員が登記所に提出した印鑑を押印します。

(注6) 代理人が申請する場合に記載し、代理人の印鑑を押印します。この場合には、代表役員の押印は必要ありません。

(責任役員会議事録)

責任役員会議事録

1 日　　　時　　平成○○年○○月○○日午前10時30分
1 場　　　所　　当法人会議室
1 責任役員定数　6名
1 出　席　者　　代表役員　甲山一郎　　責任役員　乙川英雄
　　　　　　　　責任役員　丙野太郎　　責任役員　○○○○
　　　　　　　　責任役員　○○○○　　責任役員　○○○○
1 議　　　題
　　従たる事務所の設置について
1 議事の経過の要領及びその結果
　　定刻に至り、慣例により代表役員甲山一郎が議長となり、責任役員の全員が出席し、規則に定める定足数を満たしたので開会を宣し、直ちに議案の審議に入った。
　　　議案　従たる事務所の設置に伴う規則変更の件
　　議長は、当法人の従たる事務所を東京都八王子市に設置したい旨を述べ、これに伴い、規則第○条を次のとおり変更する必要があることを説明し、これを諮ったところ責任役員全員異議なく可決決定した。
　　（事務所の所在地）
　第○条　この宗教法人は、主たる事務所を東京都中野区中野一丁目1番1号に置き、従たる事務所を東京都八王子市西八王子一丁目1番1号に置く。
　　　　議案　従たる事務所設置の件
　　議長は、規則の変更に伴い、従たる事務所を東京都八王子市西八王子一丁目1番1号に設置することとし、その設置の日を平成○○年○○月○○日にすることを諮ったところ、責任役員全員可決決定した。
　　上記の決議を明確にするためこの議事録を作り、議長及び出席責任役員次に記名押印する。

　　　平成○○年○○月○○日

　　　　　　　　宗教法人○○寺責任役員会
　　　　　　　　　議長代表役員　　甲　山　一　郎　㊞
　　　　　　　　　出席責任役員　　乙　川　英　雄　㊞
　　　　　　　　　　　同　　　　　丙　野　太　郎　㊞
　　　　　　　　　　　同　　　　　○　○　○　○　㊞
　　　　　　　　　　　同　　　　　○　○　○　○　㊞
　　　　　　　　　　　同　　　　　○　○　○　○　㊞

（総代の同意書）

同　意　書

宗教法人○○寺規則を下記のとおり変更することに同意する。

記

規則第○条を、「この宗教法人は、主たる事務所を東京都中野区中野一丁目１番１号に置き、従たる事務所を東京都八王子市西八王子一丁目１番１号に置く。」と変更することについて。

　平成○○年○○月○○日

　　　　　　　　　　　　　宗教法人○○寺
　　　　　　　　　　　　　　総代　○○○○　㊞
　　　　　　　　　　　　　　同　　○○○○　㊞
　　　　　　　　　　　　　　同　　○○○○　㊞

（包括宗教団体の承認書）

承　認　書

　　　　　　　　　　　　東京都中野区中野一丁目１番１号
　　　　　　　　　　　　　　　宗教法人○○寺

宗教法人○○寺規則を別紙のとおり変更することを承認します。

　平成○○年○○月○○日

　　　　　　　　　　　○○県○○市○○町○丁目○番○号
　　　　　　　　　　　○○宗
　　　　　　　　　　　代表役員　○○○○　㊞

（注）別紙省略

(委任状)

<pre>
                委　任　状

                        東京都豊島区東池袋一丁目1番1号
                                山　川　太　郎

   私は、上記の者を代理人に定め、次の権限を委任する。
  1 当法人の従たる事務所設置の登記をする一切の件
  1 原本還付の請求及び受領の件

    平成○○年○○月○○日

                        東京都中野区中野一丁目1番1号
                            宗教法人○○寺
                              代表役員　甲　山　一　郎　㊞
</pre>

（注）代表役員の印鑑は、代表役員が登記所に提出している印鑑を押印します。

申請書書式
（従たる事務所の設置の登記―一括申請ではなく、従たる事務所の所在地においてする登記の申請）

宗教法人従たる事務所設置登記申請書

1 名　　　　称　　○○寺
1 主 た る 事 務 所　　東京都中野区中野一丁目1番1号
1 従 た る 事 務 所　　東京都八王子市西八王子一丁目1番1号（注1）
1 登 記 の 事 由　　従たる事務所の設置
1 認証書到達年月日　　平成○○年○○月○○日
1 登 記 す べ き 事 項　　別添CD-Rのとおり（注2）
1 添 付 書 類　　登記事項証明書　1通

　上記のとおり登記の申請をします。

　　平成○○年○○月○○日

　　　　　　　　　　東京都中野区中野一丁目1番1号
　　　　　　　　　　申　請　人　　○○寺
　　　　　　　　　　東京都墨田区墨田一丁目1番1号
　　　　　　　　　　代表役員　　甲　山　一　郎　㊞（注3）
　　　　　　　　　　連絡先の電話番号　○○○－○○○－○○○○

東京法務局八王子支局　御中

（注1）申請する登記所の管轄区域内に設置した従たる事務所の所在場所を記載します。
（注2）申請書に記載すべき登記事項を磁気ディスクに記録し（法務省令で定める電磁的記録に限る。）、申請書とともに提出した場合は、当該申請書には、当該磁気ディスクに記録された事項は記載する必要はありません（法65条、商業登記法17条4項）。
（注3）代表役員の印鑑は、代表役員が登記所に提出した印鑑を押印します。

（登記事項を記録した磁気ディスクを提出する場合の登記事項の記録例）

「名称」○○寺
「主たる事務所」東京都中野区中野一丁目1番1号
「法人成立の年月日」平成○○年○○月○○日
「従たる事務所番号」1
「従たる事務所の所在地」東京都八王子市西八王子一丁目1番1号
「登記記録に関する事項」平成○○年○○月○○日従たる事務所設置

5　従たる事務所移転の登記

Q39
従たる事務所を移転した場合の登記手続について、教えてください。

　従たる事務所の移転は、規則に、従たる事務所の所在地を最小行政区画までを定めている宗教法人が、従たる事務所を最小行政区画外に移転するとき、また、規則に従たる事務所の所在地を地番まで定めている宗教法人が、従たる事務所を移転するときは、規則の変更が必要になります。これに対して、従たる事務所を規則で定める最小行政区画内において移転する場合には、規則の変更を要しません。

　規則の変更は、規則で定めるところによりその変更のための手続をし、当該規則の変更について、所轄庁の認証を受けなければなりません（法26条1項）。したがって、規則に責任役員会の議決及び規則変更につきその他の機関の議決又は同意が必要である旨の規定がある場合には、その議決又は同意を得なければなりませんし、規則変更につき包括宗教団体の承認が必要であるとされている場合には、その承認を得なければなりません。また、従たる事務所の移転の時期及び場所については、責任役員会において決定します。

　従たる事務所の移転をした場合には、主たる事務所の所在地のほか、移転に係る当該従たる事務所の所在地においても、その登記をする必要があります。

1　登記期間

　宗教法人がその従たる事務所を移転したときは、主たる事務所の所在地においては、2週間以内に、従たる事務所を移転したことを登記しなければなりません（法53条）。また、宗教法人がその従たる事務所を他の登記所の管轄区域内に移転したときは、従たる事務所の旧所在地においては3週間以内に移転の登記をし、新所在地においては4週間以内に登記をしなければならないとされています（法59条2項3号・3項、60条）。

2 登記すべき事項
 (1) 主たる事務所所在地における登記
　　移転後の従たる事務所の所在場所及び変更年月日
 (2) 従たる事務所所在地における登記
　ア　管轄区域内における従たる事務所の移転の場合
　　　当該従たる事務所及び従たる事務所移転の年月日
　イ　管轄区域を超える従たる事務所の移転の場合
　　　旧従たる事務所の所在地においては、従たる事務所が移転した旨及び移転年月日であり、新従たる事務所の所在地においては、当該管轄区域内に初めて従たる事務所を置く場合には、①名称、②主たる事務所の所在場所、③従たる事務所（その所在地を管轄する登記所の管轄区域内にあるものに限る。）の所在場所のほか、法人成立の年月日並びに従たる事務所を移転した旨及びその年月日をも登記しなければなりません（法59条2項・3項、60条、65条、商業登記法48条2項）。ただし、既存の従たる事務所の所在地内に新たに従たる事務所を移転したときは、当該移転した従たる事務所及び従たる事務所移転の年月日を登記します（法60条ただし書）。

3 添付書類
　従たる事務所の移転登記の申請書には、従たる事務所の移転を証する書面を添付しなければなりません（法63条3項）。また、規則の変更を要する場合には、所轄庁の証明がある認証書の謄本を添付します（同条6項）。
　従たる事務所の所在地で登記する場合には、主たる事務所においてした登記を証する書面（登記事項証明書）を添付するのみです（法65条、商業登記法48条1項）。

申請書書式
(従たる事務所移転の登記―主たる事務所の所在地に申請する場合)

宗教法人従たる事務所移転登記申請書

1 名　　　　称　　○○寺
1 主 た る 事 務 所　東京都中野区中野一丁目1番1号
1 従 た る 事 務 所　東京都八王子市西八王子一丁目1番1号
1 登 記 の 事 由　従たる事務所移転
1 認証書到達の年月日　平成○○年○○月○○日（注1）
1 登 記 す べ き 事 項　平成○○年○○月○○日東京都八王子市西八王子一丁目1番1号の従たる事務所移転
　　　　　　　　　　　従たる事務所　東京都府中市中央一丁目1番1号（注2）
1 添 付 書 類　規則変更認証書の謄本　　1通（注3）
　　　　　　　　　規則　　　　　　　　　1通（注4）
　　　　　　　　　責任役員会議事録　　　1通
　　　　　　　　　総代同意書　　　　　　1通
　　　　　　　　　包括宗教団体の承認書　1通
　　　　　　　　　委任状　　　　　　　　1通（注5）

　上記のとおり登記の申請をします。

　　平成○○年○○月○○日

　　　　　　　　　東京都中野区中野一丁目1番1号
　　　　　　　　　申　請　人　　○○寺
　　　　　　　　　東京都墨田区墨田一丁目1番1号
　　　　　　　　　代表役員　　甲　山　一　郎　㊞（注6）
　　　　　　　　　東京都豊島区東池袋一丁目1番1号
　　　　　　　　　代　理　人　　山　川　太　郎　㊞（注7）
　　　　　　　　　連絡先の電話番号　○○○－○○○－○○○○

東京法務局中野出張所　御中

（注1）規則の変更を要する場合に記載します。
（注2）本例は、登記すべき事項を直接申請書に記載する方法による場合ですが、登記すべき事項については、登記申請書への記載に代えて、磁気ディスク（法務省令で定める電磁的記録に限る。）であるCD-R又はFD（フ

　　　　ロッピーディスク）に記録し、これを登記所に提出することができます
　　　　（法65条、商業登記法17条4項）。
（注3）規則の変更を要する場合に添付します。
（注4）規則の変更を要する場合に、規則に定める規則変更の要件を明らかにす
　　　　るために添付します。
（注5）代理人に登記申請を委任した場合に添付します。
（注6）代表役員の印鑑は、代表役員が登記所に提出した印鑑を押印します。
（注7）代理人が申請する場合に記載し、代理人の印鑑を押印します。この場合
　　　　には、代表役員の押印は必要ありません。

第7章　事務所の移転等の登記

（責任役員会議事録）

責任役員会議事録

1　日　　　時　　平成○○年○○月○○日午前 10 時 30 分
1　場　　　所　　当法人会議室
1　責任役員数　　6 名
1　出　席　者　　代表役員　甲山一郎　　責任役員　乙川英雄
　　　　　　　　　責任役員　丙野太郎　　責任役員　○○○○
　　　　　　　　　責任役員　○○○○　　責任役員　○○○○
1　議　　　題
　　宗教法人の従たる事務所の移転について
1　議事の経過の要領及びその結果
　　定刻に至り、慣例により代表役員甲山一郎が議長となり、責任役員の全員が出席し、規則に定める定足数を満たしたので開会を宣し、直ちに議案の審議に入った。
　　　　議案　従たる事務所の移転に伴う規則変更の件
　　議長は、当法人の東京都八王子市西八王子一丁目1番1号の従たる事務所を東京都府中市に移転したい旨を述べ、これに伴い規則第○条を次のとおり変更する必要があることを説明し、これを議場に諮ったところ、責任役員全員異議なく可決決定した。
　　（事務所の所在地）
　第○条　この宗教法人は、主たる事務所を東京都中野区中野一丁目1番
　　　　1号に置き、従たる事務所を東京都府中市中央一丁目1番1号に置
　　　　く。
　　　　議案　従たる事務所移転の件
　　議長は、規則の変更に伴い、従たる事務所を東京都府中市中央一丁目1番1号に移転することとし、その移転する日を平成○○年○○月○○日とすることを諮ったところ、責任役員全員異議なく可決決定した。
　　上記の決議を明確にするためこの議事録を作り、議長及び責任役員次に記名押印する。
　　　平成○○年○○月○○日
　　　　　　　　　　　　　宗教法人○○寺責任役員会
　　　　　　　　　　　　　　議長代表役員　　甲　山　一　郎　㊞
　　　　　　　　　　　　　　出席責任役員　　乙　川　英　雄　㊞
　　　　　　　　　　　　　　　　　同　　　　丙　野　太　郎　㊞
　　　　　　　　　　　　　　　　　同　　　　○　○　○　○　㊞
　　　　　　　　　　　　　　　　　同　　　　○　○　○　○　㊞
　　　　　　　　　　　　　　　　　同　　　　○　○　○　○　㊞

(総代同意書)

```
                    同   意   書

  宗教法人○○寺規則を下記のとおり変更することに同意する。

                         記

  規則第○条中「従たる事務所を東京都八王子市西八王子一丁目1番1号
  に置く。」とあるを「従たる事務所を東京都府中市中央一丁目1番1号に
  置く。」と変更すること。

    平成○○年○○月○○日

                      宗教法人○○寺
                        総代   ○ ○ ○ ○  ㊞
                        同    ○ ○ ○ ○  ㊞
                        同    ○ ○ ○ ○  ㊞
```

(包括宗教団体の承認書)

```
                    承   認   書

                          東京都中野区中野一丁目1番1号
                                  宗教法人○○寺

  宗教法人○○寺規則を別紙のとおり変更することを承認します。

    平成○○年○○月○○日

                      ○○県○○市○○町○丁目○番○号
                      ○○宗
                        代表役員   ○ ○ ○ ○  ㊞
```

(注) 別紙省略

(委任状)

委　任　状

東京都豊島区東池袋一丁目1番1号
山　川　太　郎

私は、上記の者を代理人に定め、次の権限を委任する。

1　当法人の従たる事務所を東京都府中市中央一丁目1番1号に移転したので、これに伴う変更登記の申請をする一切の件
1　原本還付の請求及び受領の件

　平成〇〇年〇〇月〇〇日

東京都中野区中野一丁目1番1号
宗教法人〇〇寺
代表役員　　甲　山　一　郎　㊞

(**注**) 代表役員の印鑑は、代表役員が登記所に提出している印鑑を押印します。

申請書書式
（従たる事務所移転の登記―従たる事務所の旧所在地で申請する場合）

宗教法人従たる事務所移転登記申請書

1　名　　　　称　　　○○寺
1　主たる事務所　　　東京都中野区中野一丁目１番１号
1　従たる事務所　　　東京都八王子市西八王子一丁目１番１号
1　登記の事由　　　　従たる事務所移転
1　認証書到達の年月日　平成○○年○○月○○日
1　登記すべき事項　　平成○○年○○月○○日東京都八王子市西八王子一丁目１番１号の従たる事務所を東京都府中市中央一丁目１番１号に移転
1　添付書類　　　　　登記事項証明書　　１通

　上記のとおり登記の申請をします。

　　平成○○年○○月○○日

　　　　　　　　　　　東京都中野区中野一丁目１番１号
　　　　　　　　　　　申請人　　○○寺
　　　　　　　　　　　東京都墨田区墨田一丁目１番１号
　　　　　　　　　　　代表役員　甲山　一郎　㊞
　　　　　　　　　　　東京都豊島区東池袋一丁目１番１号
　　　　　　　　　　　代理人　　山川　太郎　㊞
　　　　　　　　　　　連絡先の電話番号　○○○－○○○－○○○○

東京法務局八王子支局　御中

申請書書式
（従たる事務所移転の登記―従たる事務所の新所在地で申請する場合）

宗教法人従たる事務所移転登記申請書

1　名　　　　称　　　○○寺
1　主 た る 事 務 所　　東京都中野区中野一丁目１番１号
1　従 た る 事 務 所　　東京都府中市中央一丁目１番１号
1　登 記 の 事 由　　従たる事務所移転
1　認証書到達の年月日　　平成○○年○○月○○日
1　登 記 す べ き 事 項　　別添 CD-R のとおり
1　添 付 書 類　　登記事項証明書　　１通

　上記のとおり登記の申請をします。

　　平成○○年○○月○○日

　　　　　　　　　　東京都中野区中野一丁目１番１号
　　　　　　　　　　申 請 人　　○○寺
　　　　　　　　　　東京都墨田区墨田一丁目１番１号
　　　　　　　　　　代表役員　　甲　山　一　郎　㊞
　　　　　　　　　　東京都豊島区東池袋一丁目１番１号
　　　　　　　　　　代 理 人　　山　川　太　郎　㊞
　　　　　　　　　　連絡先の電話番号　　○○○－○○○－○○○○

東京法務局府中支局　御中

（登記事項を記録した磁気ディスクを提出する場合の登記事項の記録例）

「名称」○○寺
「主たる事務所」東京都中野区中野一丁目１番１号
「法人成立の年月日」平成○○年○○月○○日
「従たる事務所番号」１
「従たる事務所の所在地」東京都府中市中央一丁目１番１号
「登記記録に関する事項」
　平成○○年○○月○○日東京都八王子市西八王子一丁目１番１号から従たる事務所移転

6　従たる事務所廃止の登記

> **Q40**
> 従たる事務所を廃止する場合の登記手続について、教えてください。

　従たる事務所の所在地は規則の記載事項です（法12条1項3号）ので、従たる事務所を廃止するときは、規則の変更が必要です。規則の変更は、規則で定めるところによりその変更のための手続をし、当該規則の変更について、所轄庁の認証を受けなければなりません（法26条1項）。

　従たる事務所を廃止した場合には、主たる事務所の所在地のほか、廃止に係る当該従たる事務所の所在地においても、その登記をする必要があります。

1　登記期間

　従たる事務所を廃止したときは、主たる事務所の所在地においては2週間以内に、従たる事務所の所在地においては3週間以内に、従たる事務所の廃止の登記をしなければなりません（法53条、59条3項）。

2　登記すべき事項

　主たる事務所の所在地において登記すべき事項は、従たる事務所の廃止の旨及び変更年月日であり、従たる事務所の所在地においては、廃止する従たる事務所及び廃止の年月日です。

　従たる事務所の所在地の登記所の管轄区域内に他の従たる事務所がない場合には、登記記録中登記記録区に「平成○○年○○月○○日東京都府中市中央一丁目1番1号の従たる事務所廃止」と記録し、従たる事務所区に当該従たる事務所を抹消する記号を記録した上で、その登記記録を閉鎖します。また、当該登記所の管轄区域内に他の従たる事務所がある場合には、登記記録中従たる事務所区において、廃止された従たる事務所につき変更登記をすることだけで足ります（各種法人等登記規則5条、商業登記規則41条、80条1項2号・2項）。

3　添付書類

　従たる事務所の廃止を証する書面を添付しなければなりません（法63

条3項)。また、所轄庁の証明がある認証書の謄本の添付も必要です(同条6項)。

なお、従たる事務所の所在地において登記を申請する場合は、主たる事務所の所在地においてした登記を証する書面(登記事項証明書)を添付すれば足ります(法65条、商業登記法48条1項)。

申請書書式
(従たる事務所の廃止の登記―主たる事務所の所在地及び従たる事務所の所在地においてする一括申請)

宗教法人従たる事務所廃止登記申請書

1	名　　　　称	○○寺
1	主たる事務所	東京都中野区中野一丁目1番1号
1	従たる事務所	東京都府中市中央一丁目1番1号
		管轄登記所　東京法務局府中支局(**注1**)
1	登記の事由	従たる事務所の廃止
1	認証書到達の年月日	平成○○年○○月○○日
1	登記すべき事項	平成○○年○○月○○日東京都府中市中央一丁目1番1号の従たる事務所廃止(**注2**)
1	登記手数料	金300円(**注3**)
		従たる事務所所在地登記所数　1庁
1	添付書類	規則変更認証書の謄本　1通
		規則　　　　　　　　　　1通(**注4**)
		責任役員会議事録　　　　1通
		総代同意書　　　　　　　1通
		包括宗教団体の承認書　　1通
		委任状　　　　　　　　　1通(**注5**)

上記のとおり登記の申請をします。

平成○○年○○月○○日

　　　　　　　東京都中野区中野一丁目1番1号
　　　　　　　申請人　　○○寺
　　　　　　　東京都墨田区墨田一丁目1番1号
　　　　　　　代表役員　　甲山一郎　㊞(**注6**)
　　　　　　　東京都豊島区東池袋一丁目1番1号

　　　　　　　　　代理人　山川太郎㊞（注7）
　　　　　　　　　連絡先の電話番号　○○○-○○○-○○○○

東京法務局中野出張所　御中

（注1）本例は、従たる事務所の所在地においてする登記を、従たる事務所の所在地においてする登記の申請と主たる事務所の所在地においてする登記の申請とを一括申請する場合です。この場合、従たる事務所の所在地においてする登記の申請と主たる事務所の所在地においてする登記の申請とは、同一の書面をもって同時に一括して申請しなければなりません。なお、従たる事務所の所在地においてする登記の申請には、何ら書面の添付は必要ありません（法65条、商業登記法49条1項・3項～5項、各種法人等登記規則5条、商業登記規則63条1項）。

（注2）本例は、登記すべき事項を直接申請書に記載する方法による場合ですが、登記すべき事項については、登記申請書への記載に代えて、磁気ディスク（法務省令で定める電磁的記録に限る。）であるCD-R又はFD（フロッピーディスク）に記録し、これを登記所に提出することができます（法65条、商業登記法17条4項）。この場合に、申請書には、当該磁気ディスクに記録された事項は記載する必要はありません。

（注3）従たる事務所の所在地においてする登記の申請と主たる事務所の所在地においてする登記の一括申請は、1件につき300円の手数料を収入印紙で納付します（登記手数料令12条）。

（注4）規則の変更を要する場合に、規則に定める規則変更の要件を明らかにするために添付します。

（注5）代理人に登記申請を委任した場合に添付します。

（注6）代表役員の印鑑は、代表役員が登記所に提出した印鑑を押印します。

（注7）代理人が申請する場合に記載し、代理人の印鑑を押印します。この場合には、代表役員の押印は必要ありません。

(責任役員会議事録)

責任役員会議事録

1 日　　　時　　平成〇〇年〇〇月〇〇日午前10時
1 場　　　所　　当法人会議室
1 責任役員数　　6名
1 出　席　者　　代表役員　甲山一郎　　責任役員　乙川英雄
　　　　　　　　責任役員　丙野太郎　　責任役員　〇〇〇〇
　　　　　　　　責任役員　〇〇〇〇　　責任役員　〇〇〇〇
1 議　　　題
　宗教法人の従たる事務所の廃止について
1 議事の経過の要領及びその結果
　定刻に至り、慣例により代表役員甲山一郎が議長となり、責任役員の全員が出席し、規則に定める定足数を満たしたので開会を宣し、直ちに議案の審議に入った。
　　議案　従たる事務所の廃止に伴う規則変更の件
　議長は、当法人の東京都府中市中央一丁目1番1号の従たる事務所を廃止したい旨を述べ、これに伴い規則第〇条を次のとおり変更する必要があることを説明し、これを議場に諮ったところ、責任役員全員異議なく可決決定した。
　（事務所の所在地）
　第〇条　この宗教法人は、主たる事務所を東京都中野区中野一丁目1番
　　　　1号に置く。
　　議案　従たる事務所廃止の件
　議長は、規則の変更に伴い、当法人の東京都府中市中央一丁目1番1号に設置している従たる事務所を、平成〇〇年〇〇月〇〇日限りで廃止したい旨を諮ったところ、責任役員全員異議なく可決決定した。

　上記の決議を明確にするためこの議事録を作り、議長及び責任役員次に記名押印する。

　　平成〇〇年〇〇月〇〇日

　　　　　　　　宗教法人〇〇寺責任役員会
　　　　　　　　　議長代表役員　　甲　山　一　郎　㊞
　　　　　　　　　出席責任役員　　乙　川　英　雄　㊞
　　　　　　　　　　　同　　　　　丙　野　太　郎　㊞
　　　　　　　　　　　同　　　　　〇　〇　〇　〇　㊞
　　　　　　　　　　　同　　　　　〇　〇　〇　〇　㊞
　　　　　　　　　　　同　　　　　〇　〇　〇　〇　㊞

(総代同意書)

　　　　　　　　　同　　意　　書

　宗教法人〇〇寺規則を下記のとおり変更することに同意する。

　　　　　　　　　　　　記

　規則第〇条を「この宗教法人は、主たる事務所を東京都中野区中野一丁目1番1号に置く。」と変更すること。

　　平成〇〇年〇〇月〇〇日

　　　　　　　　　　　宗教法人〇〇寺
　　　　　　　　　　　　総代　〇　〇　〇　〇　㊞
　　　　　　　　　　　　同　　〇　〇　〇　〇　㊞
　　　　　　　　　　　　同　　〇　〇　〇　〇　㊞

(包括宗教団体の承認書)

　　　　　　　　　承　　認　　書

　　　　　　　　　　　　東京都中野区中野一丁目1番1号
　　　　　　　　　　　　　宗教法人〇〇寺

　宗教法人〇〇寺規則を別紙のとおり変更することを承認します。

　　平成〇〇年〇〇月〇〇日

　　　　　　　　　　　〇〇県〇〇市〇〇町〇丁目〇番〇号
　　　　　　　　　　　〇〇宗
　　　　　　　　　　　　代表役員　〇　〇　〇　〇　㊞

(注) 別紙省略

（委任状）

委　任　状

東京都豊島区東池袋一丁目１番１号
　　　　　　　山　川　太　郎

　私は、上記の者を代理人に定め、次の権限を委任する。

1　当法人の従たる事務所廃止の登記をする一切の件
1　原本還付の請求及び受領の件

　　平成○○年○○月○○日

東京都中野区中野一丁目１番１号
宗教法人○○寺
代表役員　　甲　山　一　郎　㊞

（**注**）代表役員の印鑑は、代表役員が登記所に提出している印鑑を押印します。

7　行政区画等の変更に伴う主たる事務所の変更の登記

Q41
行政区画等の変更に伴い、宗教法人の事務所の地番が変更された場合の変更登記の手続は、どのようになりますか。

　市町村の合併、境界の変更等により、行政区画、郡、区、市町村内の町若しくは字が変更し、又はその名称が変更した場合には、変更による登記があったものとみなされており（法65条、商業登記法26条）、当事者に変更登記申請の義務はありません。この場合には、登記官は、職権で、その変更があったことを記録することができるとされています（各種法人等登記規則5条、商業登記規則42条1項）。記録をする場合には、登記の年月日の記録に代えて、「平成何年何月何日修正」と記録するものとされています（商業登記等事務取扱手続準則82条、56条）。

　もっとも、行政区画の変更に伴い、土地の地番が変更されて、宗教法人の主たる事務所又は従たる事務所に変更が生じた場合には、商業登記法26条の適用はなく、また、土地改良事業、土地区画整理事業等の施行のために地番が変更された場合も、行政区画の変更とは異なり同条の適用はなく、当事者に変更登記申請の義務があるとされています。

1　登記期間

　　行政区画等の変更に伴い地番が変更された場合には、その変更の日から、主たる事務所の所在地においては2週間以内に、従たる事務所の所在地においては3週間以内に、変更登記の申請をしなければなりません（法53条、59条3項）。

2　添付書類

　　申請書には、登記事項の変更を証する書面を添付します（法63条3項）。従たる事務所の所在地においては、主たる事務所の所在地でした登記を証する登記事項証明書を添付します（法65条、商業登記法48条1項）。

申請書書式
（行政区画変更に伴う地番の変更による主たる事務所の変更の登記―主たる事務所の所在地及び従たる事務所の所在地においてする登記の一括申請）

```
                宗教法人変更登記申請書
1  名      称    ○○寺
1  主たる事務所   東京都中野区中野一丁目10番地（注1）
1  従たる事務所   東京都府中市中央一丁目1番1号
                 管轄登記所　東京法務局府中支局（注2）
1  登記の事由    主たる事務所の地番変更
1  登記すべき事項  平成○○年○○月○○日主たる事務所変更
                 主たる事務所
                 東京都中野区中野一丁目100番地（注3）
1  登記手数料    金300円
                 従たる事務所所在地登記所数　1庁（注4）
1  添付書類     証明書　　　　　　　　　　1通（注5）
                 委任状　　　　　　　　　　1通（注6）

   上記のとおり登記の申請をします。

   平成○○年○○月○○日

                   東京都中野区中野一丁目100番地（注7）
                   申請人　　○○寺
                   東京都墨田区墨田一丁目1番1号
                   代表役員　甲　山　一　郎　㊞（注8）
                   東京都豊島区東池袋一丁目1番1号
                   代理人　　山　川　太　郎　㊞（注9）
                   連絡先の電話番号　○○○－○○○－○○○○

   東京法務局中野出張所　御中
```

（注1）変更前の主たる事務所を記載します。
（注2）本例は、従たる事務所の所在地においてする登記を、従たる事務所の所在地においてする登記の申請と主たる事務所の所在地においてする登記の申請とを一括申請する場合です。この場合、従たる事務所の所在地においてする登記の申請と主たる事務所の所在地においてする登記の申請とは、

同一の書面をもって同時に一括して申請しなければなりません。なお、従たる事務所の所在地おいてする登記の申請には、何ら書面の添付は必要ありません（法65条、商業登記法49条1項・3項～5項、各種法人等登記規則5条、商業登記規則63条1項）。

（注3）本例は、登記すべき事項を直接申請書に記載する方法による場合ですが、登記すべき事項については、登記申請書への記載に代えて、磁気ディスク（法務省令で定める電磁的記録に限る。）であるCD-R又はFD（フロッピーディスク）に記録し、これを登記所に提出することができます（法65条、商業登記法17条4項）。この場合、申請書には、当該磁気ディスクに記録された事項は記載する必要はありません。

（注4）従たる事務所の所在地においてする登記の申請と主たる事務所の所在地においてする登記の一括申請は、1件につき300円の手数料を収入印紙で納付します（登記手数料令12条）。

（注5）市町村長の証明書、土地改良事業等の施行者の証明書を添付します。

（注6）代理人に登記申請を委任した場合に添付します。

（注7）変更後の主たる事務所を記載します。

（注8）代表役員の印鑑は、代表役員が登記所に提出した印鑑を押印します。

（注9）代理人が申請する場合に記載し、代理人の印鑑を押印します。この場合には、代表役員の押印は必要ありません。

8　住居表示の実施による主たる事務所の変更登記

> **Q42**
> 住居表示の実施により、主たる事務所の所在場所に変更があった場合の登記手続はどのようになりますか。

　住居表示に関する法律（昭和37年法律第119号）に基づく住居表示の実施により、宗教法人の事務所の所在場所に変更があった場合には、主たる事務所の所在地においては2週間以内に、従たる事務所の所在地においては3週間以内に、その変更の登記をしなければならないとされています（法53条、59条3項）。

　登記申請書には、登記事項の変更を証する書面として、市町村長の証明書又は住居表示の実施に係る住居番号決定通知書を添付することを要します（法63条3項）。

　従たる事務所の所在地において申請する場合には、主たる事務所の所在地においてした登記事項証明書を添付すれば足りるとされています（法65条、商業登記法48条1項）。

申請書書式
(主たる事務所の変更登記―住居表示の実施による場合)

宗教法人変更登記申請書

1 名　　　称　　○○寺
1 主たる事務所　東京都中野区中野一丁目10番地（注1）
1 登記の事由　　住居表示の実施による主たる事務所の変更
1 登記すべき事項　平成○○年○○月○○日主たる事務所変更
　　　　　　　　主たる事務所
　　　　　　　　東京都中野区中野一丁目1番1号（注2）
1 添付書類　　　証明書（又は住居番号決定通知書）　1通
　　　　　　　　委任状　　　　　　　　　　　　　　1通

　上記のとおり登記の申請をします。

　　平成○○年○○月○○日

　　　　　　　　東京都中野区中野一丁目1番1号（注3）
　　　　　　　　申請人　　○○寺
　　　　　　　　東京都墨田区墨田一丁目1番1号
　　　　　　　　代表役員　甲　山　一　郎　㊞（注4）
　　　　　　　　東京都豊島区東池袋一丁目1番1号
　　　　　　　　代理人　　山　川　太　郎　㊞（注5）
　　　　　　　　連絡先の電話番号　○○○－○○○－○○○○

東京法務局中野出張所　御中

（注1）変更前の主たる事務所を記載します。
（注2）本例は、登記すべき事項を直接申請書に記載する方法による場合ですが、登記すべき事項については、登記申請書への記載に代えて、磁気ディスク（法務省令で定める電磁的記録に限る。）であるCD-R又はFD（フロッピーディスク）に記録し、これを登記所に提出することができます（法65条、商業登記法17条4項）。この場合には、当該申請書には、当該電磁的記録に記録された事項を記載する必要はありません。
（注3）変更後の主たる事務所を記載します。
（注4）代表役員の印鑑は、代表役員が登記所に提出した印鑑を押印します。
（注5）代理人が申請する場合に記載し、代理人の印鑑を押印します。この場合には、代表役員の押印は必要ありません。

第8章　代表役員の変更登記

1　宗教法人の責任役員・代表役員の選任手続

Q43
責任役員・代表役員の選任手続について、説明してください。

　宗教法人には、必須機関として、3人以上の責任役員を置き、そのうち1人を代表役員としなければならないとされています（法18条1項）。

　責任役員及び代表役員の選任方法は、規則の記載事項とされていますので、規則で自由に定めることができますが、代表役員の選任については、宗教法人法に規定があるため、規則に選任方法の定めがなければ宗教法人法の規定により責任役員の互選によって定めることとなります（同条2項）。したがって、責任役員であることが代表役員となるための前提となります。また、代表役員は、住職又は宮司をもって充てる旨の定めがある場合は、住職又は宮司であることが代表役員となるための前提となります。住職又は宮司の地位を失った場合には、当然代表役員の地位も失います。なお、住職又は宮司である代表役員は当然に責任役員でもあります。

　宗教法人の代表役員は、宗教法人の代表権を有するものとして、その氏名、住所及び資格を登記しなければなりません（法52条2項6号）。

2　代表役員の変更

> **Q44**
>
> 代表役員が新たに就任した場合や、代表役員が退任した場合には、登記事項である代表役員の氏名、住所及び資格に変更があった場合に該当し、その変更の登記をしなければなりませんが、代表役員の退任事由について説明してください。

　代表役員の退任事由は、死亡、辞任、解任、任期満了、資格喪失のほか、法人の解散、代表役員が破産手続開始の決定を受けた場合も退任するものとされています。

(1)　死　亡

　　死亡の日に、代表役員は退任します。

(2)　辞　任

　　代表役員は、辞任の意思表示が法人に到達した日に、辞任することができます。

(3)　解　任

　　代表役員の解任は、規則記載事項ですので、規則の定める手続により解任することができます。なお、代表役員が住職をもって充てるとされているような場合は、住職を解任することによって代表役員を解任することができます（宗教法制研究会編『宗教法人の法律相談』188頁（民事法情報センター））。

(4)　任期満了

　ア　責任役員の任期満了

　　　代表役員は、その前提として責任役員の地位にあることを要するため、責任役員がその地位を失うと、代表役員としての地位についても、資格喪失により退任します。

　イ　代表役員の任期満了

　　　代表役員も、規則の定める任期が満了した日に、退任します。

(5) 代表役員の資格喪失

　代表役員は、宗教法人法22条の欠格事由に該当した場合には、資格喪失により退任します。

(6) 法人の解散

　法人の解散により、代表役員は退任するとされています（法49条）。

(7) 代表役員の破産手続開始の決定

　代表役員は、自ら破産手続開始の決定を受けたときは、委任契約の終了により退任します（民法653条2号）。

Q45 宗教法人の代表役員に変更が生じた場合の変更登記について、説明してください。

　宗教法人の代表役員に変更が生じたときは、その変更の登記をしなければなりません（法53条）。変更が生じた場合とは、代表役員の氏若しくは名又は住所に変更があった場合のほか、代表役員が新たに就任した場合や退任した場合が該当します。

1　登記期間

　代表役員に変更が生じたときは、2週間以内に、その主たる事務所の所在地において、変更の登記をしなければなりません（法53条）。

2　登記すべき事項

　登記すべき事項は、代表役員の氏名、住所及び就任年月日です（法52条2項6号）。登記原因としては、「就任」、「重任」を用います。また、代表役員が退任した場合は、退任の旨（退任事由）及び退任年月日です。

3　添付書類

(1)　代表役員の就任（重任）による変更登記の添付書面は、次のとおりです。責任役員及び代表役員の選任方法は、宗教法人の規則の定めによることになりますので、規則に、責任役員は総代会において選任するものと定められている場合には、総代会議事録が、また、代表役員の選任方法を責任役員の互選によると定められている場合には、責任

役員会議事録又は責任役員による互選書が添付書類となります。
　ア　総代会議事録
　　　代表役員に選定された責任役員を選任した総代会議事録を添付します（法63条3項）。
　イ　責任役員会議事録
　　　代表役員の選定に係る責任役員会の議事録又は責任役員の互選書を添付します（法63条3項）。
　　　代表役員の選任方法として、包括宗教団体が代表役員を任命する場合には、包括宗教団体の長の任命書の添付が必要であり、また、代表役員を総会又は総代会で選挙によって選任する場合には、総会議事録又は総代会議事録の添付が必要です。
　ウ　規則
　　　代表役員の選任事由、選任方法を明らかにするために添付します。
　エ　就任承諾書
　　　代表役員の就任についての就任承諾書を添付します。なお、責任役員会の席上で被選任者が就任を承諾した場合には、登記申請書において「就任承諾書は、責任役員会議事録の記載を援用する。」と記載されていれば就任承諾書の添付は省略できます。
　オ　印鑑証明書
　　　代表役員の選定に係る責任役員会議事録又は互選書に署名（記名）押印した責任役員全員の印鑑につき、市区町村長の作成した印鑑証明書を添付します。ただし、責任役員会議事録等に、変更前の代表役員が登記所に提出している印鑑が押印されているときは、印鑑証明書の添付は省略できます（各種法人等登記規則5条、商業登記規則61条4項）。
(2)　代表役員の退任を証する書面は、次のとおりです。
　ア　死亡の場合
　　　戸籍の謄抄本、死亡診断書、遺族等からの法人に対する死亡届出等が退任を証する書面に該当します。
　イ　辞任の場合
　　　辞任届が、退任を証する書面に該当します。

なお、代表役員が責任役員を辞任し、その地位を失えば、代表役員の地位についても、資格喪失により退任します。
　ウ　解任の場合
　　代表役員の解任については規則の定めるところにより、総代会議事録及び責任役員会議事録が解任を証する書面となります。
　エ　任期満了・資格喪失
　　改選の際の責任役員会等の議事録に、任期満了により退任した旨の記載がある場合には、これで足ります。議事録に任期満了により退任した旨の記載がない場合には、任期を明らかにするために、規則又は選任決議に係る議事録等を添付します。
　　資格喪失については、その事由を証する書面が添付書面となります。
(3)　委任状
　　代理人に登記申請を委任した場合に添付します。

申請書書式
(代表役員変更の登記—代表役員の重任の場合)

宗教法人変更登記申請書

1　名　　　　称　　　○○寺
1　主たる事務所　　　東京都中野区中野一丁目1番1号
1　登 記 の 事 由　　代表役員の変更
1　登記すべき事項　　別添CD-Rのとおり（注1）
1　添 付 書 類　　　総代会議事録　　　1通（注2）
　　　　　　　　　　責任役員会議事録　1通（注3）
　　　　　　　　　　就任承諾書　　　　○通（注4）
　　　　　　　　　　規則　　　　　　　1通（注5）
　　　　　　　　　　印鑑証明書　　　　○通（注6）
　　　　　　　　　　委任状　　　　　　1通（注7）

上記のとおり登記の申請をします。

　平成○○年○○月○○日

　　　　　　　　東京都中野区中野一丁目1番1号
　　　　　　　　申 請 人　　○○寺
　　　　　　　　東京都墨田区墨田一丁目1番1号
　　　　　　　　代表役員　　甲　山　一　郎　㊞（注8）
　　　　　　　　東京都豊島区東池袋一丁目1番1号
　　　　　　　　代 理 人　　山　川　太　郎　㊞（注9）
　　　　　　　　連絡先の電話番号　　○○○—○○○—○○○○

東京法務局中野出張所　御中

（注1）登記すべき事項については、登記申請書への記載に代えて、磁気ディスク（法務省令で定める電磁的記録に限る。）であるCD-R又はFD（フロッピーディスク）に記録し、これを登記所に提出することができます（法65条、商業登記法17条4項）。この場合に、申請書には、当該磁気ディスクに記録された事項は記載する必要はありません。
（注2）責任役員に選任されたことを証するために添付します。
（注3）代表役員に選定されたことを証するために添付します。
（注4）就任承諾書は、被選任者が責任役員会の席上で就任を承諾し、その旨が議事録の記載から明らかな場合は、「就任承諾書は、責任役員会の議事録

の記載を援用する。」と記載すれば、就任承諾書の添付は必要ありません。
（注5）代表役員が規則所定の方法により選任されたことを証するために添付します。
（注6）代表役員の選定に係る責任役員会議事録に署名（記名）押印した責任役員全員の印鑑につき、市区町村長の作成した印鑑証明書を添付します。ただし、当該議事録に、変更前の代表役員が署名（記名）し、登記所に提出している印鑑と同一のものを押印しているときは、印鑑証明書の添付は省略することができます（各種法人等登記規則5条、商業登記規則61条4項）。
（注7）代理人に登記申請を委任した場合に添付します。
（注8）代表役員の印鑑は、代表役員が登記所に提出している印鑑を押印します。
（注9）代理人が申請する場合に記載し、代理人の印鑑を押印します。この場合には、代表役員の押印は必要ありません。

（登記事項を記録した磁気ディスクを提出する場合の登記事項の記録例）

「役員に関する事項」
「資格」代表役員
「住所」東京都墨田区墨田一丁目1番1号
「氏名」甲山一郎
「原因年月日」平成〇〇年〇〇月〇〇日重任

（総代会議事録―規則に責任役員は総代会で選任する旨の定めがある場合）

総代会議事録

1 開催の日時　　平成〇〇年〇〇月〇〇日午前10時30分
1 開催の場所　　当法人事務所
1 総代総数　　　〇名
1 出席総代数　　〇名
　上記のとおり規則所定の員数の出席を得たので、本総代会は適法に成立した。
　よって、代表役員甲山一郎は議長席に着き開会を宣した。
1 議事の経過の要領及び議案別決議の結果
　　第1号議案　平成〇〇年度決算書類の承認を求める件
　　（省略）
　　総代会は満場異議なく、これを承認した。
　　第2号議案　平成〇〇年度予算案の承認を求める件
　　（省略）
　　満場一致でこれを承認可決した。
　　第3号議案　責任役員全員任期満了につき改選の件
　議長は、責任役員全員が本総代会をもって任期満了により退任するので、その改選の件を議場に諮ったところ、総代〇〇〇〇より議長の指名に一任したいとの動議があり、満場これに賛成したので、議長は下記の者を指名したところ、満場異議なく可決決定した。
　　　責任役員　甲山一郎
　　　　同　　　乙川英雄
　　　　同　　　丙野太郎
　　　　同　　　〇〇〇〇
　　　　同　　　〇〇〇〇
　　　　同　　　〇〇〇〇
　被選任者は、いずれも席上その就任を承諾した。
　以上をもって議案の全部を終了したので、議長は閉会を宣し午前11時30分散会した。
　上記の決議を明確にするため、この議事録を作り、議長及び出席総代において次に記名押印する。

　　　平成〇〇年〇〇月〇〇日

　　　　　　　　宗教法人〇〇寺総代会
　　　　　　　　　　議長代表役員　　甲　山　一　郎　㊞
　　　　　　　　　　出　席　総　代　〇　〇　〇　〇　㊞
　　　　　　　　　　　　　同　　　　〇　〇　〇　〇　㊞
　　　　　　　　　　　　　同　　　　〇　〇　〇　〇　㊞
　　　　　　　　　　　　　同　　　　〇　〇　〇　〇　㊞

(責任役員会議事録)

責任役員会議事録

1　日　　　時　　平成○○年○○月○○日午後１時30分
1　場　　　所　　当法人会議室
1　責任役員定数　　６名
1　出　席　者　　代表役員　甲山一郎　　責任役員　乙川英雄
　　　　　　　　　責任役員　丙野太郎　　責任役員　○○○○
　　　　　　　　　責任役員　○○○○　　責任役員　○○○○
1　議　　　題
　　宗教法人の代表役員の選定について
1　議事の経過の要領及びその結果
　　定刻に至り、慣例により責任役員乙川英雄が議長席に着き、本責任役員会は有効に成立した旨を告げ、議案の審議に入った。
　　　議案　代表役員選定の件
　　議長は、前代表役員甲山一郎が平成○○年○○月○○日をもって任期満了によって責任役員を退任したことに伴い、代表役員の資格を喪失したので、その後任者を選定する必要がある旨を述べ、規則所定の手続である責任役員による互選の結果、出席責任役員の全員一致をもって次の者を代表役員に選定した。
　　　代表役員　甲山一郎
　　被選任者は即時就任を承諾した。

　上記の決議を明確にするためこの議事録を作り、議長及び出席責任役員次に記名押印する。

　　平成○○年○○月○○日

　　　　　　　　　宗教法人○○寺責任役員会
　　　　　　　　　　議長責任役員　　乙　川　英　雄　㊞
　　　　　　　　　　出席責任役員　　丙　野　太　郎　㊞
　　　　　　　　　　　　同　　　　　甲　山　一　郎　㊞
　　　　　　　　　　　　同　　　　　○　○　○　○　㊞
　　　　　　　　　　　　同　　　　　○　○　○　○　㊞
　　　　　　　　　　　　同　　　　　○　○　○　○　㊞

（就任承諾書）

就 任 承 諾 書

　私は、平成〇〇年〇〇月〇〇日開催の責任役員会において代表役員に選定されましたので、その就任を承諾します。

　平成〇〇年〇〇月〇〇日

　　　　　　　　　　　　東京都墨田区墨田一丁目1番1号
　　　　　　　　　　　　　代表役員　　甲　山　一　郎　㊞

宗教法人〇〇寺　御中

（委任状）

委　任　状

　　　　　　　　　　　　東京都豊島区東池袋一丁目1番1号
　　　　　　　　　　　　　　　　山　川　太　郎

　私は、上記の者を代理人に定め、下記の権限を委任する。

記

1　当宗教法人の代表役員の変更登記を申請する一切の件
1　原本還付の請求及び受領の件

　平成〇〇年〇〇月〇〇日

　　　　　　　　　　　　東京都中野区中野一丁目1番1号
　　　　　　　　　　　　　宗教法人〇〇寺
　　　　　　　　　　　　　　代表役員　　甲　山　一　郎　㊞

（注）代表役員の印鑑は、代表役員が登記所に提出している印鑑を押印します。

申請書書式
（代表役員変更の登記―代表役員が退任し、後任者が就任した場合）

```
              宗教法人変更登記申請書
  1  名       称    ○○寺
  1  主たる事務所    東京都中野区中野一丁目1番1号
  1  登記の事由     代表役員の変更
  1  登記すべき事項   別添CD-Rのとおり（注1）
  1  添付書類      総代会議事録      1通（注2）
                責任役員の互選書    1通（注3）
                規則          1通（注4）
                就任承諾書       ○通（注5）
                印鑑証明書       ○通（注6）
                委任状         1通（注7）

    上記のとおり登記の申請をします。

    平成○○年○○月○○日

                東京都中野区中野一丁目1番1号
                申 請 人   ○○寺
                東京都江戸川区小松川一丁目1番1号
                代表役員   乙 川 英 雄 ㊞（注8）
                東京都豊島区東池袋一丁目1番1号
                代 理 人   山 川 太 郎 ㊞（注9）
                連絡先の電話番号  ○○○－○○○－○○○○

  東京法務局中野出張所   御中
```

（注1）申請書に記載すべき登記事項を磁気ディスクに記録し（法務省令で定める電磁的記録に限る。）、申請書とともに提出した場合は、当該申請書には、当該磁気ディスクに記録された事項は記載する必要はありません（法65条、商業登記法17条4項）。
（注2）代表役員に就任した責任役員が責任役員に選任されたことを証するために添付します。
（注3）代表役員に選定されたことを証するために、代表役員の選定に関する責任役員の互選書を添付します。
（注4）代表役員が規則所定の方法により選定されたことを証するために添付し

ます。
(注5) 就任承諾書は、被選任者が責任役員会の席上で就任を承諾し、その旨が各議事録の記載から明らかな場合は、「就任承諾書は、責任役員会の議事録の記載を援用する。」と記載すれば、就任承諾書の添付は必要ありません。
(注6) 代表役員の選定に係る責任役員の互選書に署名（記名）押印した責任役員全員の印鑑につき、市区町村長の作成した印鑑証明書を添付します。ただし、当該議事録に、変更前の代表役員が署名（記名）し、登記所に提出している印鑑と同一のものを押印しているときは、印鑑証明書の添付は省略することができます（各種法人等登記規則5条、商業登記規則61条4項）。
(注7) 代理人に登記申請を委任した場合に添付します。
(注8) 代表役員の印鑑は、代表役員が登記所に提出している印鑑を押印します。
(注9) 代理人が申請する場合に記載し、代理人の印鑑を押印します。この場合には、代表役員の押印は必要ありません。

（登記事項を記録した磁気ディスクを提出する場合の登記事項の記録例）

```
「役員に関する事項」
「資格」代表役員
「住所」東京都墨田区墨田一丁目1番1号
「氏名」甲山一郎
「原因年月日」平成○○年○○月○○日退任
「役員に関する事項」
「資格」代表役員
「住所」東京都江戸川区小松川一丁目1番1号
「氏名」乙川英雄
「原因年月日」平成○○年○○月○○日就任
```

(総代会議事録—規則に責任役員は総代会で選任する旨の定めがある場合)

総代会議事録

1 開催の日時　　平成○○年○○月○○日午前10時30分
1 開催の場所　　当法人事務所
1 総代総数　　　○名
1 出席総代数　　○名
　上記のとおり規則所定の員数の出席を得たので、本総代会は適法に成立した。
　よって、代表役員甲山一郎は議長席に着き開会を宣した。
1 議事の経過の要領及び議案別決議の結果
　　第1号議案　平成○○年度決算書類の承認を求める件
　（省略）
　総代会は、満場異議なく、これを承認した。
　　第2号議案　平成○○年度予算案の承認を求める件
　（省略）
　満場一致でこれを承認可決した。
　　第3号議案　責任役員全員任期満了につき改選の件
　議長は、責任役員全員が本総代会をもって任期満了により退任するので、その改選の件を議場に諮ったところ、総代○○○○より議長の指名に一任したいとの動議があり、満場これに賛成したので、議長は下記の者を指名したところ、満場異議なく可決決定した。
　　　責任役員　甲山一郎
　　　　同　　　乙川英雄
　　　　同　　　丙野太郎
　　　　同　　　○○○○
　　　　同　　　○○○○
　　　　同　　　○○○○
　被選任者は、いずれも席上その就任を承諾した。
　以上をもって議案の全部を終了したので、議長は閉会を宣し午前11時30分散会した。
　上記の決議を明確にするため、この議事録を作り、議長及び出席総代において次に記名押印する。
　　平成○○年○○月○○日
　　　　　　　　　宗教法人○○寺総代会
　　　　　　　　　　議長代表役員　甲　山　一　郎　㊞
　　　　　　　　　　出　席　総　代　○　○　○　○　㊞
　　　　　　　　　　　　同　　　　　○　○　○　○　㊞
　　　　　　　　　　　　同　　　　　○　○　○　○　㊞
　　　　　　　　　　　　同　　　　　○　○　○　○　㊞

(代表役員の互選書)

責任役員の互選書

　平成〇〇年〇〇月〇〇日午後1時30分から、東京都中野区中野一丁目1番1号（当法人会議室）において、規則第〇条の規定に基づき代表役員を選定するため、責任役員全員の互選の結果、次のとおり決定した。

1　代表役員に責任役員乙川英雄を選定すること。
　　なお、被選定者は、その就任を承諾した。

　上記決定を明確にするため、本互選書を作成し、責任役員全員が次に記名押印する。

　　平成〇〇年〇〇月〇〇日

　　　　　　　　　宗教法人〇〇寺
　　　　　　　　　責任役員　　乙　川　英　雄　㊞
　　　　　　　　　　　同　　　丙　野　太　郎　㊞
　　　　　　　　　　　同　　　甲　山　一　郎　㊞
　　　　　　　　　　　同　　　〇　〇　〇　〇　㊞
　　　　　　　　　　　同　　　〇　〇　〇　〇　㊞
　　　　　　　　　　　同　　　〇　〇　〇　〇　㊞

(注) 代表役員を選定した責任役員の互選書に署名（又は記名）押印した署名者全員の印鑑につき市区町村長の作成した印鑑証明書を添付しなければなりません。ただし、当該書面に押印した印鑑と変更前の代表役員が登記所に提出している印鑑とが同一である場合には、これらの印鑑証明書を添付する必要はありません。

(就任承諾書)

就 任 承 諾 書

　私は、平成○○年○○月○○日開催の責任役員会において代表役員に選定されましたので、その就任を承諾します。

　　平成○○年○○月○○日

　　　　　　　　　　　東京都江戸川区小松川一丁目1番1号
　　　　　　　　　　　　　代表役員　　乙　川　英　雄　㊞

宗教法人○○寺　御中

(委任状)

委　任　状

　　　　　　　　　　　東京都豊島区東池袋一丁目1番1号
　　　　　　　　　　　　　山　川　太　郎

　私は、上記の者を代理人に定め、下記の権限を委任する。

1　当該宗教法人の代表役員の変更登記を申請する一切の件
1　原本還付の請求及び受領の件

　　平成○○年○○月○○日

　　　　　　　　　　　東京都中野区中野一丁目1番1号
　　　　　　　　　　　　　宗教法人○○寺
　　　　　　　　　　　　　　代表役員　　乙　川　英　雄　㊞

(注) 代表役員の印鑑は、代表役員が登記所に提出している印鑑を押印します。

Q46 代表役員の氏名又は住所に変更が生じた場合の登記手続について、教えてください。

　宗教法人は、代表役員の氏名・住所に変更があった場合には、その変更登記をしなければなりません。
　代表役員の氏の変更は、婚姻、離婚、養子縁組、離縁等によって生じます。また、住所の変更は、住所移転、行政区画の変更による地番の変更又は住居表示の実施等によって生じます。なお、行政区画の変更の場合（地番の変更を伴わないもの）については、その変更による登記があったものとみなされるので、法人に変更登記申請の義務はありません（法65条、商業登記法26条）。

1　登記期間
　　代表役員の氏名又は住所に変更を生じたときは、2週間以内に、その主たる事務所の所在地において、変更の登記をしなければなりません（法53条）。

2　登記すべき事項
　　登記すべき事項は、変更後の氏名（又は住所）及び変更年月日です。

3　添付書類
　　代理人によって登記を申請する場合の委任状以外の添付書面は必要ありません（法63条3項ただし書）。

申請書書式
（代表役員の氏名変更登記）

宗教法人変更登記申請書

1　名　　　　称　　○○寺
1　主 た る 事 務 所　　東京都中野区中野一丁目1番1号
1　登 記 の 事 由　　代表役員の氏名変更
1　登記すべき事項　　平成○○年○○月○○日代表役員甲山一郎の氏変更
　　　　　　　　　　氏名　乙海一郎（注1）
1　添 付 書 類　　委任状　1通

　上記のとおり登記の申請をします。

　平成○○年○○月○○日

　　　　　　　　　　東京都中野区中野一丁目1番1号
　　　　　　　　　　申 請 人　　○○寺
　　　　　　　　　　東京都墨田区墨田一丁目1番1号
　　　　　　　　　　代表役員　　乙　海　一　郎　㊞（注2）
　　　　　　　　　　東京都豊島区東池袋一丁目1番1号
　　　　　　　　　　代 理 人　　山　川　太　郎　㊞（注3）
　　　　　　　　　　連絡先の電話番号　○○○－○○○－○○○○

　東京法務局中野出張所　御中

（注1）本例は、登記すべき事項を直接申請書に記載する方法による場合ですが、登記すべき事項については、登記申請書への記載に代えて、磁気ディスク（法務省令で定める電磁的記録に限る。）であるCD-R又はFD（フロッピーディスク）に記録し、これを登記所に提出することができます（法65条、商業登記法17条4項）。この場合には、当該申請書には、当該電磁的記録に記録された事項を記載する必要はありません。
（注2）変更後の氏名を記載します。
　　　代表役員の印鑑は、代表役員が登記所に提出している印鑑を押印します。
（注3）代理人が申請する場合に記載し、代理人の印鑑を押印します。この場合には、代表役員の押印は必要ありません。

3　所轄庁に対する代表役員変更登記完了の届出

> **Q47**
> 所轄庁に対する代表役員の変更登記完了の届出について、説明してください。

　宗教法人は、代表権を有する者の氏名、住所及び資格に変更があったときは、その変更の日から2週間以内に、その主たる事務所の所在地において、変更の登記をしなければなりません（法53条）。また、当該登記をしたときは、遅滞なく、所轄庁に登記事項証明書を添えて登記の完了を届け出なければならないとされています（法9条）。

　この届出を怠ったときは、宗教法人の代表役員は、10万円以下の過料に処せられます（法88条2号）。

（宗教法人代表役員変更登記完了届）

```
                              平成〇〇年〇〇月〇〇日
　東京都知事　殿

                所 在 地　　東京都中野区中野一丁目1番1号
                名　　称　　宗教法人〇〇寺
                代表役員　　乙 川 英 雄　㊞

                代表役員変更登記完了届

　このたび、代表役員に変更が生じ、宗教法人法第53条の規定による変更の登記をしましたので、同法第9条の規定により、登記事項証明書を添えてお届けします。
```

4　代表役員代務者の登記

Q48
宗教法人の代表役員代務者について、説明してください。

　代表役員代務者とは、宗教法人の代表役員が何らかの事由で欠けたり、長期間職務を行うことができない場合に置かれる機関をいいます。なお、宗教法人法では、代務者としては、代表役員代務者と責任役員代務者とがあります。

　宗教法人法は、代務者を置くべき場合として、次の2つの場合を挙げています（法20条1項）。

(1)　代表役員（又は責任役員）が死亡その他の事由によって欠けた場合において、すみやかにその後任者を選ぶことができないとき。

　　代表役員が、死亡、辞任、解任、任期満了、資格喪失等により代表役員を退任し、代表役員を欠くに至った場合には、速やかに後任の代表役員を選任しなければなりませんが、何らかの事由で後任の代表役員を速やかに選任できない場合には、代表役員代務者を置かなければなりません。

(2)　代表役員（又は責任役員）が病気その他の事由によって3か月以上その職務を行うことができないとき。

　　この場合には、病気のほかに、長期の旅行、行方不明などにより3か月以上その職務を行うことができないとき等が該当すると考えられています（文化庁『宗教法人の事務（改訂版）』46頁（ぎょうせい））。

　代務者の資格、選任方法、職務権限は、各宗教法人の規則の記載事項であるとされています。

　規則の記載例のモデルでは、代表役員の代務者は、代表役員が欠けた場合には責任役員会が、代表役員が長期に職務が遂行できない場合には、代表役員が選任するなどとされており、また、「代表役員があらかじめ指定した責任役員が就任する。」とか、代表役員の代務者は、「寺院の住職代務者をもって充てる。」などとする例もあるとされています（文化庁『宗教法

人の規則（改訂版）』28頁（ぎょうせい））。

　なお、代務者は、代行機関として臨時的なものであることから、代務者を置くべき事由がなくなった場合には退任することになります。例えば、代表役員が病気によりその職務を行うことができないとして代務者が置かれた場合に、当該代表役員が死亡したときには、当該代務者は当然に退任し、新しく代表役員を選任するか、それが困難なときには新たに代務者を選任しなければならないとされています（文化庁『宗教法人の事務（改訂版）』47頁（ぎょうせい））。

　代表役員代務者が就任したときは、2週間以内に、その主たる事務所の所在地において、代表役員代務者の氏名及び住所を登記しなければなりません（法52条2項6号、53条）。

Q49 宗教法人の代表役員代務者の就任登記の手続について、教えてください。

　宗教法人法では、代表役員が、死亡その他の事由によって欠けたり、病気その他の事由により3か月以上、その職務を行うことができない場合は、その代務者を置かなければならないとされています（法20条）。

1　登記期間

　代表役員代務者が就任したときは、2週間以内に、主たる事務所の所在地において代表役員代務者の就任の登記をしなければなりません（法52条2項6号、53条）。

　なお、代表役員が死亡等によって欠けた場合における代表役員代務者の就任の登記は、代表役員の退任の登記と同時に申請します。

2　登記すべき事項

　登記すべき事項は、代表役員代務者の氏名及び住所です（法52条2項6号）。

3　添付書類

　登記の申請書には、登記事項の変更を証する書類を添付しなければならないとされています（法63条3項）。

具体的には、次のような書面が該当します。
ア　規則
　　代表役員代務者が規則所定の方法により選任されたことを証するために添付します。
イ　代表役員に法20条1項に該当する事由が生じたことを証する書面（なお、同条1項1号に該当する事由が生じたことを証する書面は、代表役員の退任登記に添付された書類を援用することができます。）
ウ　代表役員代務者の選任を証する書面
　　規則に、代表役員が欠けた場合には責任役員会が、代表役員が長期に職務が遂行できない場合には代表役員が選任するとある場合には、責任役員会の議事録、代表役員が作成する選任書が代表役員代務者の選任を証する書類になります。
エ　就任承諾書
オ　印鑑証明書
　　代表役員代務者の選任に係る責任役員会議事録に署名（記名）押印した責任役員全員の印鑑について、市区町村長の作成した印鑑証明書を添付します（各種法人等登記規則5条、商業登記規則61条4項）。
カ　委任状
　　代理人によって登記を申請する場合には、代理権限を証する書面として、委任状を添付します。

申請書書式
（代表役員代務者の就任登記—代表役員の死亡により代表役員代務者が就任する場合）

　　　　　　　　　宗教法人変更登記申請書

1　名　　　称　　　〇〇寺
1　主たる事務所　　東京都中野区中野一丁目1番1号
1　登記の事由　　　代表役員の死亡及び代表役員代務者の就任
1　登記すべき事項　別添CD-Rのとおり（注1）
1　添付書類　　　　代表役員代務者の選任を証する書類　1通（注2）
　　　　　　　　　死亡を証する書面　　　　　　　　　1通（注3）
　　　　　　　　　規則　　　　　　　　　　　　　　　1通（注4）
　　　　　　　　　代表役員代務者の就任承諾書　　　　1通（注5）
　　　　　　　　　印鑑証明書　　　　　　　　　　　　〇通（注6）
　　　　　　　　　委任状　　　　　　　　　　　　　　1通（注7）

　上記のとおり登記の申請をします。

　　平成〇〇年〇〇月〇〇日

　　　　　　　　　東京都中野区中野一丁目1番1号
　　　　　　　　　申　請　人　　〇〇寺
　　　　　　　　　東京都中野区中央二丁目2番2号
　　　　　　　　　代表役員代務者　　丙野太郎　㊞（注8）
　　　　　　　　　東京都豊島区東池袋一丁目1番1号
　　　　　　　　　代　理　人　　山川太郎　㊞（注9）
　　　　　　　　　連絡先の電話番号　〇〇〇-〇〇〇-〇〇〇〇

東京法務局中野出張所　御中

（注1）登記すべき事項については、登記申請書への記載に代えて、磁気ディスク（法務省令で定める電磁的記録に限る。）であるCD-R又はFD（フロッピーディスク）に記録し、これを登記所に提出することができます（法65条、商業登記法17条4項）。この場合に、申請書には、当該磁気ディスクに記録された事項は記載する必要はありません。
（注2）代表役員代務者を責任役員会で選任する場合には、責任役員会議事録を添付します。
（注3）代表役員の退任を証する書面として、死亡の場合には、戸籍の謄抄本、

死亡診断書等を添付します。
(注4) 代表役員代務者が規則所定の方法により選任されたことを証するために添付します。
(注5) 被選任者が責任役員会の席上で就任を承諾し、その旨が責任役員会議事録の記載から明らかな場合は、「就任承諾書は、責任役員会の議事録の記載を援用する。」と記載すれば、就任承諾書の添付は必要ありません。
(注6) 代表役員代務者の選任に係る責任役員会議事録に署名(記名)押印した責任役員全員の印鑑につき、市区町村長の作成した印鑑証明書を添付します。
(注7) 代理人に登記申請を委任した場合に添付します。
(注8) 代表役員代務者の印鑑は、代務者が登記所に提出している印鑑を押印します。
(注9) 代理人が申請する場合に記載し、代理人の印鑑を押印します。この場合には、代表役員代務者の押印は必要ありません。

(登記事項を記録した磁気ディスクを提出する場合の登記事項の記録例)

```
「役員に関する事項」
「資格」代表役員
「住所」東京都墨田区墨田一丁目1番1号
「氏名」甲山一郎
「原因年月日」平成○○年○○月○○日死亡
「役員に関する事項」
「資格」代表役員代務者
「住所」東京都中野区中央二丁目2番2号
「氏名」丙野太郎
「原因年月日」平成○○年○○月○○日就任
```

(責任役員会議事録)

責任役員会議事録

1 日　　　時　　平成〇〇年〇〇月〇〇日午前10時
1 場　　　所　　当法人会議室
1 責任役員定数　6名
1 出　席　者　　責任役員　乙川英雄　　責任役員　丙野太郎
　　　　　　　　責任役員　〇〇〇〇　　責任役員　〇〇〇〇
　　　　　　　　責任役員　〇〇〇〇

1 議　　　題
　　宗教法人の代表役員代務者の選任について
1 議事の経過の要領及びその結果
　　定刻に至り、慣例により責任役員乙川英雄が議長席に着き、本責任役員会は有効に成立した旨を告げ、議案の審議に入った。
　　　議案　代表役員代務者の選任について
　　議長は、代表役員甲山一郎が平成〇〇年〇〇月〇〇日死亡したので、当法人の代表役員の職務を行う代務者を選任する必要がある旨を述べ、規則所定の手続により、出席責任役員全員の一致をもって次の者を代表役員代務者に選任した。
　　　代表役員代務者　丙野太郎
　　被選任者は即時就任を承諾した。

　上記の決議を明確にするためこの議事録を作り、議長及び出席責任役員次に記名押印する。

　　平成〇〇年〇〇月〇〇日

　　　　　　　宗教法人〇〇寺責任役員会
　　　　　　　　議長責任役員　乙　川　英　雄　㊞
　　　　　　　　出席責任役員　丙　野　太　郎　㊞
　　　　　　　　　　同　　　　〇　〇　〇　〇　㊞
　　　　　　　　　　同　　　　〇　〇　〇　〇　㊞
　　　　　　　　　　同　　　　〇　〇　〇　〇　㊞

（就任承諾書）

```
               就 任 承 諾 書

　私は、平成○○年○○月○○日開催の責任役員会において代表役員代務
者に選任されましたので、その就任を承諾します。

　　平成○○年○○月○○日

　　　　　　　　　　東京都中野区中央二丁目2番2号
　　　　　　　　　　　　代表役員代務者　　丙　野　太　郎　㊞

　宗教法人○○寺　御中
```

（委任状）

```
                   委　任　状

　　　　　　　　　　　東京都豊島区東池袋一丁目1番1号
　　　　　　　　　　　　　　　　山　川　太　郎

　私は　上記の者を代理人に定め、下記の権限を委任する。

                        記

1　当宗教法人の代表役員の変更及び代表役員代務者就任登記の申請に関
　する一切の件
1　原本還付の請求及び受領の件

　　平成○○年○○月○○日

　　　　　　　　　東京都中野区中野一丁目1番1号
　　　　　　　　　　　宗教法人○○寺
　　　　　　　　　　　　代表役員代務者　　丙　野　太　郎　㊞
```

（注）代表役員代務者の印鑑は、代務者が登記所に提出している印鑑を押印します。

申請書書式
(代表役員代務者の就任登記―代表役員が病気により長期間職務執行不能のため、代表役員代務者が就任する場合)

宗教法人変更登記申請書

1 名　　　　称　　　○○寺
1 主たる事務所　　　東京都中野区中野一丁目1番1号
1 登記の事由　　　　代表役員代務者の就任
1 登記すべき事項　　別添 CD-R のとおり（**注1**）
1 添付書類　　　　　規則　　　　　　　　　　　　　1通（**注2**）
　　　　　　　　　　代表役員代務者の選任を証する書面　1通（**注3**）
　　　　　　　　　　代表役員代務者の就任を必要とする
　　　　　　　　　　事由を証する書面　　　　　　　1通（**注4**）
　　　　　　　　　　就任承諾書　　　　　　　　　　1通
　　　　　　　　　　委任状　　　　　　　　　　　　1通（**注5**）

　上記のとおり登記の申請をします。

　　平成○○年○○月○○日

　　　　　　　　　東京都中野区中野一丁目1番1号
　　　　　　　　　申　請　人　　○○寺
　　　　　　　　　東京都中野区中央二丁目2番2号
　　　　　　　　　代表役員代務者　　丙　野　太　郎　㊞（**注6**）
　　　　　　　　　東京都豊島区東池袋一丁目1番1号
　　　　　　　　　代　理　人　　山　川　太　郎　㊞（**注7**）
　　　　　　　　　連絡先の電話番号　○○○-○○○-○○○○

東京法務局中野出張所　御中

（**注1**）登記すべき事項については、登記申請書への記載に代えて、磁気ディスク（法務省令で定める電磁的記録に限る。）である CD-R 又は FD（フロッピーディスク）に記録し、これを登記所に提出することができます（法65条、商業登記法17条4項）。この場合に、申請書には、当該磁気ディスクに記録された事項は記載する必要はありません。
（**注2**）代表役員代務者が規則所定の方法により選定されたことを証するために添付します。
（**注3**）宗教法人の規則の定めにより、代表役員代務者を選任したことを証する

書類を添付します。代表役員自身が、代表役員代務者を選任するとしている場合には、当該代表役員が作成する選任書が代表役員代務者の選任を証する書面になります。
(注4) 代表役員自身が作成した職務執行不能理由書又は医師の診断書等を添付します。
(注5) 代理人に登記申請を委任した場合に添付します。
(注6) 代表役員代務者の印鑑は、代務者が登記所に提出している印鑑を押印します。
(注7) 代理人が申請する場合に記載し、代理人の印鑑を押印します。この場合には、代表役員代務者の押印は必要ありません。

(登記事項を記録した磁気ディスクを提出する場合の登記事項の記録例)

「役員に関する事項」
「資格」代表役員代務者
「住所」東京都中野区中央二丁目2番2号
「氏名」丙野太郎
「原因年月日」平成○○年○○月○○日就任

（選任書）

平成〇〇年〇〇月〇〇日

選　任　書

東京都中野区中野一丁目1番1号
宗教法人〇〇寺
　　代表役員　　甲　山　一　郎

　あなたを本法人規則第〇条の規定により、本法人の代表役員代務者に選任する。

東京都中野区中央二丁目2番2号　　丙　野　太　郎

（就任承諾書）

就　任　承　諾　書

　私は、平成〇〇年〇〇月〇〇日代表役員代務者に選任されましたので、その就任を承諾します。

　平成〇〇年〇〇月〇〇日

東京都中野区中央二丁目2番2号
代表役員代務者　　丙　野　太　郎　㊞

宗教法人〇〇寺
　　代表役員　　甲　山　一　郎　殿

申請書書式
（代表役員の選任による代務者の退任と代表役員の就任の登記）

```
               宗教法人変更登記申請書
1 名     称      ○○寺
1 主たる事務所    東京都中野区中野一丁目1番1号
1 登記の事由     代表役員代務者の退任及び代表役員の就任
1 登記すべき事項   別添CD-Rのとおり（注1）
1 添付書類      総代会議事録      1通（注2）
                責任役員の互選書    1通（注3）
                規則          1通（注4）
                就任承諾書       1通
                印鑑証明書       ○通（注5）
                委任状         1通（注6）

  上記のとおり登記の申請をします。

   平成○○年○○月○○日

                  東京都中野区中野一丁目1番1号
                  申請人    ○○寺
                  東京都新宿区西新宿一丁目1番1号
                  代表役員   丁 原 龍 男 ㊞（注7）
                  東京都豊島区東池袋一丁目1番1号
                  代理人    山 川 太 郎 ㊞（注8）
                  連絡先の電話番号  ○○○－○○○－○○○○

  東京法務局中野出張所　御中
```

（注1）申請書に記載すべき登記事項を磁気ディスクに記録し（法務省令で定める電磁的記録に限る。）、申請書とともに提出した場合は、当該申請書には、当該磁気ディスクに記録された事項は記載する必要はありません（法65条、商業登記法17条4項）。
（注2）代表役員に就任した責任役員が責任役員に選任されたことを証するために添付します。
（注3）代表役員に選定されたことを証するために、代表役員の選定に関する互選書を添付します。
（注4）代表役員が規則所定の方法により選定されたことを証するために添付し

ます。
(注5) 代表役員を選定した責任役員の互選書に署名（又は記名）押印した署名者全員の印鑑につき市区町村長の作成した印鑑証明書を添付しなければなりません。
(注6) 代理人に登記申請を委任した場合に添付します。
(注7) 代表役員の印鑑は、代表役員が登記所に提出している印鑑を押印します。
(注8) 代理人が申請する場合に記載し、代理人の印鑑を押印します。この場合には、代表役員の押印は必要ありません。

（登記事項を記録した磁気ディスクを提出する場合の登記事項の記録例）

「役員に関する事項」
「資格」代表役員代務者
「住所」東京都中野区中央二丁目2番2号
「氏名」丙野太郎
「原因年月日」平成〇〇年〇〇月〇〇日退任
「役員に関する事項」
「資格」代表役員
「住所」東京都新宿区西新宿一丁目1番1号
「氏名」丁原龍男
「原因年月日」平成〇〇年〇〇月〇〇日就任

（総代会議事録）

総 代 会 議 事 録

1　開催の日時　　平成○○年○○月○○日午前10時30分
1　開催の場所　　当法人事務所
1　総 代 総 数　　○名
1　出席総代数　　○名

　　上記のとおり規則所定の員数の出席を得たので、本総代会は適法に成立した。
　　よって、責任役員乙川英雄は議長席に着き開会を宣した。
1　議事の経過の要領及び決議の結果
　　　議案　責任役員の選任の件
　　議長は、当法人の代表役員たる甲山一郎が死亡したことにより丙野太郎を代表役員代務者として選任していたが、この度、代表役員となるべき責任役員一名を選任したい旨を議場に諮ったところ、総代○○○○より議長の指名に一任したいとの動議があり、満場これに賛成したので、議長は下記の者を指名したところ、満場異議なく可決決定した。
　　　　　　責任役員　丁原龍男
　　被選任者は、席上その就任を承諾した。
　以上をもって議案の全部を終了したので、議長は閉会を宣し午前11時30分散会した。

　上記の決議を明確にするため、この議事録を作り、議長及び出席総代において次に記名押印する。

　　平成○○年○○月○○日

　　　　　　　　宗教法人○○寺総代会
　　　　　　　　　議長責任役員　　乙　川　英　雄　㊞
　　　　　　　　　出 席 総 代　　○　○　○　○　㊞
　　　　　　　　　　　　同　　　　○　○　○　○　㊞
　　　　　　　　　　　　同　　　　○　○　○　○　㊞
　　　　　　　　　　　　同　　　　○　○　○　○　㊞

(責任役員の互選書)

責任役員の互選書

　平成○○年○○月○○日午後1時30分から、東京都中野区中野一丁目1番1号（当法人会議室）において、規則第○条の規定に基づき、代表役員を選定するため、責任役員全員の互選の結果、次のとおり決定した。

1　代表役員に責任役員丁原龍男を選定すること。
　　なお、被選定者は、その就任を承諾した。

　上記決定を明確にするため、本互選書を作成し、責任役員全員が次に記名押印する。

　　平成○○年○○月○○日

　　　　　　　　　宗教法人○○寺
　　　　　　　　　　責任役員　　丁　原　龍　男　㊞
　　　　　　　　　　　同　　　　乙　川　英　雄　㊞
　　　　　　　　　　　同　　　　丙　野　太　郎　㊞
　　　　　　　　　　　同　　　　○　○　○　○　㊞
　　　　　　　　　　　同　　　　○　○　○　○　㊞
　　　　　　　　　　　同　　　　○　○　○　○　㊞

(委任状)

委　任　状

　　　　　　　　　　東京都豊島区東池袋一丁目1番1号
　　　　　　　　　　　　　　　山　川　太　郎

　私は、上記の者を代理人に定め、下記の権限を委任する。

　　　　　　　　　　　記

1　当宗教法人の代表役員変更登記の申請に関する一切の件
1　原本還付の請求及び受領の件

　　平成○○年○○月○○日

　　　　　　東京都中野区中野一丁目1番1号

```
                宗教法人○○寺
                    代表役員    丁原 龍男  ㊞
```

(注)代表役員の印鑑は、代表役員が登記所に提出している印鑑を押印します。

申請書書式
(代表役員の職務復帰による代表役員代務者の退任の登記)

```
                    宗教法人変更登記申請書
    1  名      称      ○○寺
    1  主たる事務所    東京都中野区中野一丁目1番1号
    1  登記の事由      代表役員代務者の退任
    1  登記すべき事項  別添CD-Rのとおり(注1)
    1  添付書類        宗教法人法20条1項2号の事由が
                      止んだことを証する書面      1通(注2)
                      委任状                      1通(注3)

      上記のとおり登記の申請をします。

        平成○○年○○月○○日
                        東京都中野区中野一丁目1番1号
                        申 請 人    ○○寺
                        東京都墨田区墨田一丁目1番1号
                        代表役員    甲 山 一 郎  ㊞(注4)
                        東京都豊島区東池袋一丁目1番1号
                        代 理 人    山 川 太 郎  ㊞(注5)
                        連絡先の電話番号  ○○○-○○○-○○○○

      東京法務局中野出張所  御中
```

(注1)登記すべき事項については、登記申請書への記載に代えて、磁気ディスク(法務省令で定める電磁的記録に限る。)であるCD-R又はFD(フロッピーディスク)に記録し、これを登記所に提出することができます(法65条、商業登記法17条4項)。この場合に、申請書には、当該磁気ディスクに記録された事項は記載する必要はありません。

(注2)医師の診断書又は代表役員の作成に係る病気が治癒した旨の届出書が該当します。

(注3）代理人に登記申請を委任した場合に添付します。
(注4）代表役員の印鑑は、代表役員が登記所に提出している印鑑を押印します。
(注5）代理人が申請する場合に記載し、代理人の印鑑を押印します。この場合には、代表役員の押印は必要ありません。

（登記事項を記録した磁気ディスクを提出する場合の登記事項の記録例）

```
「役員に関する事項」
「資格」代表役員代務者
「住所」東京都中野区中央二丁目2番2号
「氏名」丙野太郎
「原因年月日」平成〇〇年〇〇月〇〇日退任
```

（宗教法人法20条1項2号の事由が止んだことを証する書面）

病気平癒届

　私は、平成〇〇年〇〇月〇〇日から病気療養をしていましたが、平成〇〇年〇〇月〇〇日をもって全快し、代表役員の職務を執ることができるようになりましたので、その旨をお届けいたします。

　平成〇〇年〇〇月〇〇日

宗教法人〇〇寺
代表役員　甲　山　一　郎　㊞

宗教法人〇〇寺　御中

第9章　合併の登記

1　総説

Q50
宗教法人の合併について、説明してください。

　宗教法人法32条は、宗教法人の合併について、「2以上の宗教法人は、合併して1の宗教法人となることができる。」と定めています。
　宗教法人の合併には、合併により解散する法人の権利義務の全部を合併後存続する法人に承継させる吸収合併と、合併により解散する法人の権利義務の全部を合併により設立する法人に承継させる新設合併とがあります（法35条、42条）。
　法人の合併は、所轄庁の認証を受けなければなりません（法33条）。
　宗教法人の合併は、合併後存続する宗教法人又は合併によって設立する宗教法人が、その主たる事務所の所在地において宗教法人法56条の規定による合併の登記をすることによってその効力を生ずるとされています（法41条）。

2　吸収合併の手続

Q51
宗教法人の吸収合併の手続について、教えてください。

　宗教法人は、吸収合併をしようとするときは、所定の手続をした後、その合併について所轄庁の認証を受けなければならないとされています（法33条）。
　吸収合併の手続の流れは、次のとおりです。

1 宗教法人の規則で定める手続を経ること（宗教法人の合併意思の決定）

　規則で定める合併の手続を経ることによって、宗教法人の合併の意思を決定します。規則に、責任役員会の議決及び合併につきその他の機関の議決又は同意を得なければならない旨の定めがある場合は、その議決又は同意を得なければなりません。また、規則に、合併するときは、包括宗教団体の承認を得なければならない旨の定めがある場合は、その承認も得なければなりません。ただし、規則に別段の定めがないときは、責任役員会において責任役員の定数の過半数の議決で決定されます（法34条1項、19条）。

2 信者その他の利害関係人に対する合併しようとする旨の公告

　合併しようとする宗教法人は、合併意思の決定のための手続を行った後、合併契約案を作成し、その信者その他の利害関係人に対し、合併契約案の要旨を示して合併しようとする旨を公告しなければなりません（法34条1項）。

3 財産目録及び事業に係る貸借対照表の作成

　合併しようとする宗教法人は、2の公告をした後2週間以内に財産目録及び公益事業その他の事業を行う場合には、その事業に係る貸借対照表を作成しなければなりません（法34条2項）。

4 債権者保護手続

　合併しようとする宗教法人は、2の公告をした日から2週間以内に、債権者に対し合併に異議があればその公告の日から2か月を下らない一定の期間内に、異議を申し述べるべき旨を公告し、かつ、知れている債権者には、各別に催告しなければなりません（法34条3項）。

　債権者が、2か月を下らない一定の期間内に異議を申し述べたときは、これに弁済をし、若しくは相当の担保を供し、又はその債権者に弁済を受けさせることを目的として信託会社若しくは信託業務を営む金融機関に相当の財産を信託しなければなりません。ただし、合併をしてもその債権者を害するおそれがないときは、この限りでないとされています（同条4項）。

5 存続する宗教法人の規則を変更する場合の手続

　吸収合併によって存続する宗教法人がその規則の変更を必要とする場

合は、その存続する宗教法人の規則で定める変更の手続をしなければなりません（法35条1項）。したがって、規則の変更につき、責任役員会の議決、規則に、規則を変更しようとするときは、その他の機関（総代、総会等）の議決又は同意を得なければならない旨の定めがある場合は、その議決又は同意を得なければなりません。また、規則に、規則を変更しようとするときは、包括宗教団体の承認を得なければならない旨の定めがある場合には、その承認を得なければなりません。存続する宗教法人の規則で定めるこれらの変更手続を経て、所轄庁へ合併の認証申請に含めて認証を申請します（法38条）。

6 合併により被包括関係の設定又は廃止をする場合の手続（法36条）

　合併により被包括関係を設定又は廃止する場合は、そのための手続が必要です。

7 合併契約の締結

　宗教法人が吸収合併をするには、合併当事法人間で合併契約を締結しなければなりません。

8 合併認証申請（法38条）

　合併の認証の申請は、合併しようとする全ての宗教法人の連名でするものとされ、合併しようとする宗教法人の所轄庁が異なる場合には、その申請は、合併後存続しようとする宗教法人の所轄庁に対して行います。

9 合併の登記

　宗教法人が吸収合併するときは、その主たる事務所の所在地において、合併後存続する宗教法人については変更の登記、合併により消滅する宗教法人については解散の登記をしなければなりません（法56条）。

　宗教法人の合併は、合併後存続する宗教法人がその主たる事務所の所在地において合併の登記をすることによって効力を生じます（法41条）。

Q52

宗教法人の合併についての所轄庁の認証手続について、教えてください。

1 合併の認証申請

　宗教法人は合併について所轄庁の認証を受けようとするときは、認証申請書に、吸収合併の場合において、当該合併に伴い規則の変更を必要とする場合には、規則の変更しようとする事項を示す書類 2 通に、新設合併の場合には新宗教法人規則 2 通に、次に掲げる書類を添付して申請しなければならないとされています（法 38 条 1 項）。

　なお、合併の認証の申請は、合併しようとするすべての宗教法人の連名でするものとされ、合併しようとする宗教法人の所轄庁が異なる場合の申請は、合併後存続しようとする宗教法人又は合併によって設立しようとする宗教法人の所轄庁に行うこととされています（同条 2 項）。

（添付書類）
(1) 合併の決定について規則で定める手続（規則に別段の定めがないときは、法 19 条の規定による手続）を経たことを証する書類（法 38 条 1 項 1 号）

　ア　責任役員会議事録
　イ　その他の機関の同意書（総代の同意書等）
　　　規則に、合併しようとするときは、その他の機関（総代、総会等）の議決又は同意を得なければならない旨の定めがある場合に添付します。
　ウ　包括宗教団体の承認書
　　　規則に、合併しようとするときは、包括宗教団体の承認を得なければならない旨の定めがある場合に添付します。

(2) 合併契約の案の要旨を示して合併する旨を公告したことを証する書類

(3) 法 34 条 2 項の規定による手続を経たことを証する書類（合併する法人それぞれに必要）

　ア　財産目録

イ　貸借対照表（公益事業又はその他の事業を行う場合に添付します。）
⑷　法34条3項の規定による公告及び催告をしたことを証する書類（合併する法人それぞれに必要）
　債権者に対する異議申し述べについての公告及び催告をしたことを証する書類を添付します。
⑸　法34条4項の規定による手続を経たことを証する書類
　債権者のため弁済、担保の提供、財産の信託をしたことを証する書類
⑹　吸収合併の場合、合併に伴い規則の変更を必要とする場合には、規則で定める手続を経たことを証する書類
⑺　新設合併の場合、合併によって設立する宗教法人の規則を作成したことを証する書類
⑻　新設合併の場合、合併によって設立する団体が宗教団体であることを証する書類
⑼　新設合併の場合、合併により宗教法人を設立する旨の規則案の要旨を示して公告をしたことを証する書類
⑽　合併に伴い被包括関係の設定又は廃止をする場合には、その旨を公告したこと及び設定に関する承認又は廃止に関する通知をしたことを証する書類

2　合併の認証

　所轄庁は、認証の申請があった場合には、必要な書類があるかなど形式的な審査を行い、認証を受理した場合には、その受理の日を附記した書面でその旨を宗教法人に通知します。その後、次の事項について審査を行い、認証又は不認証の決定をすることになります（法39条1項）。
⑴　当該合併の手続が法34条から37条までの規定に従ってなされていること。
⑵　当該合併が法35条1項又は2項の規定に該当する場合には、宗教法人が規則を変更しようとする場合の変更しようとする事項、あるいは新設される宗教法人の規則が宗教法人法その他の法令の規定に適合しているかどうか。
⑶　新設合併により成立する団体が、宗教団体であるかどうか。

合併の認証に関する所轄庁の事務については、宗教法人法14条2項から5項までの規定が準用されていますので、所轄庁は認証の申請を受理した場合には、受理した日から3か月以内に、認証に関する決定をし、所轄庁が合併の認証をする旨の決定をしたときは、申請者に対し、認証書及び認証した旨を附記した規則を交付することとされています（法39条2項、14条2項〜5項）。

　なお、所轄庁の受理した旨の通知や認証書の交付は、認証を申請した宗教法人のうちの一にすれば足りるとされています（法39条3項）。

申請書書式
(所轄庁に対する宗教法人吸収合併認証申請書)

宗教法人合併認証申請書

年　　月　　日

東京都知事　殿

東京都中野区中野一丁目１番１号
（甲）宗教法人○○寺
代表役員　　甲　山　一　郎　㊞

東京都府中市府中一丁目１番１号
（乙）宗教法人△△
代表役員　　丙　川　三　郎　㊞

　宗教法人「乙」を宗教法人「甲」に合併したいので、宗教法人法第38条の規定により（その変更しようとする事項を示す書類２通に）下記関係書類を添えて、合併の認証を申請します。

記

1　合併の決定について、規則で定める手続を経たことを証する書類
　(1)　責任役員会議事録（写し）
　(2)　その他の機関の同意書（写し）
　(3)　包括宗教団体の承認書（写し）
2　法第34条第１項の規定による公告をしたことを証する書類（公告証明書）

　（以下省略）

3 吸収合併の登記手続

> **Q53**
> 宗教法人の吸収合併の登記手続について、教えてください。

　吸収合併の場合には、合併後存続する宗教法人（以下「吸収合併存続法人」という。）の主たる事務所の所在地を管轄する登記所に対し、吸収合併存続法人についての変更の登記申請書と吸収合併により解散する宗教法人（以下「吸収合併消滅法人」という。）についての解散の登記申請書を、同時に提出する必要があります（法65条、商業登記法82条）。

1 登記期間

　宗教法人が合併するときは、当該合併に関する認証書の交付を受けた日から2週間以内に、主たる事務所の所在地において、吸収合併存続法人については変更の登記をし、吸収合併消滅法人については解散の登記をしなければなりません（法56条）。

2 登記すべき事項

　吸収合併存続法人についての変更登記における登記すべき事項は、次のとおりです（法65条、商業登記法79条）。

(1) 基本財産の変更を伴う場合には、基本財産の総額及び変更年月日
(2) 合併をした旨並びに吸収合併消滅法人の名称及び主たる事務所

3 添付書類

　主たる事務所の所在地における吸収合併による変更登記の申請書には、次の書面を添付しなければなりません（法63条）。

(1) 所轄庁の合併認証書の謄本
(2) 登記すべき事項の変更を証する書面
　　ア 吸収合併契約書
　　イ 合併しようとする宗教法人の規則
　　　規則に定める合併手続を明らかにするため、添付します。
　　ウ 合併しようとする宗教法人が規則で定める手続を経たことを証する書類

① 責任役員会の議事録
　　② 規則に、合併しようとするときはその他の機関の議決又は同意を得なければならない旨の定めがある場合は、その機関の議事録又は同意書
　　③ 規則に、合併しようとするときは包括宗教団体の承認を得なければならない旨の定めがある場合は、その承認書
　エ　吸収合併存続法人の規則を変更する事項を示す所轄庁の証明がある認証書の謄本
(3)　吸収合併存続法人及び吸収合併消滅法人における債権者保護手続に関する書面
　　債権者保護手続のための公告及び催告をしたこと並びに異議を述べた債権者があるときは、当該債権者に対し弁済し若しくは相当の担保を提供し若しくは当該債権者に弁済を受けさせることを目的として相当の財産を信託したこと又は当該債権者を害するおそれがないことを証する書面を添付します。
(4)　吸収合併消滅法人の登記事項証明書
　　合併により消滅する宗教法人の登記事項証明書を添付します。ただし、当該登記所の管轄区域内に消滅する法人の主たる事務所がある場合には、添付を要しません（法63条4項）。

申請書書式

(吸収合併の登記―吸収合併存続法人についての変更登記)

宗教法人合併による変更登記申請書

1	名　　　　称	○○寺
1	主たる事務所	東京都中野区中野一丁目1番1号
1	登記の事由	平成○○年○○月○○日吸収合併の手続終了
1	認証書到達の年月日	平成○○年○○月○○日
1	登記すべき事項	東京都府中市府中一丁目1番1号宗教法人△△を合併
		基本財産の総額　金○○万円（注1）
1	添付書類	合併契約書　　　　　　　　　1通
		合併認証書の謄本　　　　　　1通
		合併法人の規則　　　　　　　○通（注2）
		規則で定める手続を経たことを証する書面　　　　　　　　○通（注3）
		規則変更認証書の謄本　　　　1通（注4）
		公告及び催告をしたことを証する書面　　　　　　　　　　○通（注5）
		異議を述べた債権者に対し弁済し若しくは相当の担保を提供し若しくは相当の財産を信託したこと又は当該債権者を害するおそれがないことを証する書面　○通（注6）
		吸収合併消滅法人の登記事項証明書　　　　　　　　　　　1通
		委任状　　　　　　　　　　　1通（注7）

上記のとおり登記の申請をします。

　平成○○年○○月○○日

　　　　　　　　東京都中野区中野一丁目1番1号
　　　　　　　　申請人　　○○寺
　　　　　　　　東京都墨田区墨田一丁目1番1号
　　　　　　　　代表役員　甲山一郎　㊞（注8）
　　　　　　　　東京都豊島区東池袋一丁目1番1号
　　　　　　　　代理人　　山川太郎　㊞（注9）

　　　　　　　　　連絡先の電話番号　〇〇〇-〇〇〇-〇〇〇〇
　東京法務局中野出張所　御中

(注1) 本例は、登記すべき事項を直接申請書に記載する方法による場合ですが、登記すべき事項については、登記申請書への記載に代えて、磁気ディスク（法務省令で定める電磁的記録に限る。）であるCD-R又はFD（フロッピーディスク）に記録し、これを登記所に提出することができます（法65条、商業登記法17条4項）。
(注2) 規則に定める合併手続を明らかにするため、添付します。
(注3) 吸収合併存続法人及び吸収合併消滅法人の責任役員会議事録、総代会等の議事録又は同意書等を添付します。
(注4) 規則の変更を伴う場合に添付します。
(注5) 公告の方法は、規則に定めてある方法によります。なお、催告をしたことを証する書面としては、催告書の控えが該当します。
(注6) 異議を述べた債権者がある場合は、債権者の異議申立書と、債権者作成の弁済金受領書、担保契約書又は信託証書等を添付します。
(注7) 代理人に登記申請を委任した場合に添付します。
(注8) 代表役員の印鑑は、代表役員が登記所に提出している印鑑を押印します。
(注9) 代理人が申請する場合に記載し、代理人の印鑑を押印します。この場合には、代表役員の押印は必要ありません。

（合併契約書）

宗教法人合併契約書

　宗教法人○○寺（以下「甲」という。）と宗教法人△△（以下「乙」という。）との間に、両法人の合併に関し次の契約を締結する。

第1条　甲は乙を合併して存続し、乙はこれにより解散するものとする。

第2条　甲は、合併により基本財産の総額を○○万円増加し、○○万円とする。

第3条　甲は、乙から引継ぎを受ける財産のうち、○○、○○を宝物として指定し、この処分については甲の規則第○条の定めに従うものとする。

第4条　甲は、乙の平成○○年○○月○○日現在の貸借対照表及び財産目録を基礎とし、その合併期日までの間における収入支出を加除し、合併期日における乙の権利義務の一切を引き継ぐものとする。

第5条　合併期日は平成○○年○○月○○日とする。ただし、期日までに合併に必要な手続を行うことが困難な場合は、甲乙の代表者の協議によってこれを伸長することができる。

第6条　甲及び乙は、本合併契約締結後その所有に係る一切の財産を善良なる管理者の注意をもって管理し、新たな義務等の負担その他重要な取引を行う場合には、あらかじめ相手方の承認を受けるものとする。

第7条　合併後乙の解散に要する費用は、甲において負担する。

第8条　合併の際における乙の責任役員は退任するものとし、うち○名については、甲の責任役員の推薦候補者とするものとする。

第9条　本契約書に定めのない事項については、合併条件に反しない限り、甲乙の代表者において協議し、執行することができるものとする。

第10条　甲及び乙は、本合併契約の承認並びに実行に関して必要な決議を経るため、平成○○年○○月○○日を期し、甲乙の各規則に定める合併手続のための責任役員会等の招集をするものとする。

第11条　本契約締結の日から合併期日の前日までの間において、天災地変その他の事由によって甲又は乙の財産に重大な変化をきたしたときは、甲乙いずれからも本契約を解除することができる。

第12条　本合併契約は、甲乙において第10条に定めるところによる承認決議を経た後、所轄庁の認証のあった日から効力を生ずるものとする。

合併契約の成立を証するため、本契約書2通を作成し、甲及び乙が各1通を保有する。

　平成○○年○○月○○日

　　　　　　　　　　　　　東京都中野区中野一丁目1番1号
　　　　　　　　　　　　　（甲）宗教法人○○寺
　　　　　　　　　　　　　　代表役員　　甲　山　一　郎　㊞

　　　　　　　　　　　　　東京都府中市府中一丁目1番1号
　　　　　　　　　　　　　（乙）宗教法人△△
　　　　　　　　　　　　　　代表役員　　丙　川　三　郎　㊞

((甲)の責任役員会議事録)

責任役員会議事録

1　日　　　時　　平成〇〇年〇〇月〇〇日午前10時30分
1　場　　　所　　当法人会議室
1　責任役員定数　6名
1　出　席　者　　代表役員　甲山一郎　　責任役員　乙川英雄
　　　　　　　　　責任役員　丙野太郎　　責任役員　〇〇〇〇
　　　　　　　　　責任役員　〇〇〇〇　　責任役員　〇〇〇〇
1　議　　　題
　(1)　宗教法人△△を宗教法人〇〇寺に合併することについて
1　議事の経過の要領及びその結果
　　定刻に至り、慣例により代表役員甲山一郎が議長となり、責任役員の全員が出席し、規則に定める定足数を満たしたので開会を宣し、直ちに議案の審議に入った。
　　　　議案　合併契約書承認の件
　　議長は、当法人と東京都府中市府中一丁目1番1号宗教法人△△と合併する必要があることを説明した後、平成〇〇年〇〇月〇〇日付けで作成した宗教法人△△との別紙合併契約書の承認を議場に諮ったところ、満場一致をもって異議なく承認可決された。

　　上記の決議を明確にするためこの議事録を作り、議長及び出席責任役員次に記名押印する。

　　　平成〇〇年〇〇月〇〇日
　　　　　　　　　　　宗教法人〇〇寺責任役員会
　　　　　　　　　　議長代表役員　　甲　山　一　郎　㊞
　　　　　　　　　　出席責任役員　　乙　川　英　雄　㊞
　　　　　　　　　　　　　同　　　　丙　野　太　郎　㊞
　　　　　　　　　　　　　同　　　　〇　〇　〇　〇　㊞
　　　　　　　　　　　　　同　　　　〇　〇　〇　〇　㊞
　　　　　　　　　　　　　同　　　　〇　〇　〇　〇　㊞

(総代の同意書)

```
                    同  意  書

  当法人と宗教法人△△との合併に関する件につき、別添の合併契約書の
とおり合併することに同意します。

  平成○○年○○月○○日

                    宗教法人○○寺
                      総代    ○ ○ ○ ○  ㊞
                      同     ○ ○ ○ ○  ㊞
                      同     ○ ○ ○ ○  ㊞
                      同     ○ ○ ○ ○  ㊞
```

(包括宗教団体の承認書)

```
                    承  認  書

                         東京都中野区中野一丁目1番1号
                           宗教法人○○寺

  宗教法人○○寺が東京都府中市府中一丁目1番1号宗教法人△△を吸収
合併することを承認します。

  平成○○年○○月○○日

                         ○○県○○市○○町○丁目○番○号
                           ○○宗
                             代表役員  ○ ○ ○ ○  ㊞
```

(合併公告をしたことを証する書面)

公 告 証 明 書

　宗教法人△△を宗教法人○○寺に合併することについて、下記のとおり宗教法人法第34条第3項に規定する公告をしました。

記

1　公告の方法

　　平成○○年○○月○○日から平成○○年○○月○○日まで10日間事務所の掲示場に掲示したほか、平成○○年○○月○日及び同年○○月○○日発行の機関紙○○に掲載した。

1　公告文

　　「このたび、当法人は、宗教法人△△を合併して存続し、宗教法人△△は解散する旨を責任役員会において決議しました。つきましては、この合併につき異議のある債権者は平成○○年○○月○○日までにその旨を申し述べてください。

　　宗教法人法第34条第3項の規定により公告します。

　　平成○○年○○月○○日

債権者各位

　　　　　　　　東京都中野区中野一丁目1番1号
　　　　　　　　　宗教法人○○寺
　　　　　　　　　　代表役員　甲　山　一　郎　㊞

（催告書）

催　告　書

　謹啓、貴殿益々御清祥のことと存じます。
　さて、当宗教法人は、平成〇〇年〇〇月〇〇日開催の責任役員会において、東京都府中市府中一丁目1番1号宗教法人△△を合併し、当法人は存続し、宗教法人△△は解散することを決議しました。
　合併に対しご異議がございましたら、平成〇〇年〇〇月〇〇日までにその旨をお申し出ください。
　上記、宗教法人法第34条第3項の規定により催告いたします。

　　平成〇〇年〇〇月〇〇日

　　　　　　　　　　　　東京都中野区中野一丁目1番1号
　　　　　　　　　　　　宗教法人〇〇寺
　　　　　　　　　　　　　　代表役員　　甲　山　一　郎　㊞

（承諾書）

承　諾　書

　平成〇〇年〇〇月〇〇日付けをもって催告のありました宗教法人△△との合併の件については、別段異議がありませんので、その旨回答します。

　　平成〇〇年〇〇月〇〇日

　　　　　　　　　　　　東京都〇〇区〇〇町一丁目1番1号
　　　　　　　　　　　　　　　　〇　〇　〇　〇　㊞

　宗教法人〇〇寺
　　　代表役員　　甲　山　一　郎　殿

(合併異議申述書)

異 議 申 述 書

　平成○○年○○月○○日付けで貴法人の合併に関する異議申述に関する催告を受けましたが、私は、貴法人に対して有する金○万円の債権の弁済後でなければ上記合併を承諾しかねますので、本書面をもってその旨を通知します。

　　平成○○年○○月○○日

　　　　　　　　　　　　　東京都○○区○○町○丁目○番○号
　　　　　　　　　　　　　　　債権者　　○　○　○　○　㊞

宗教法人○○寺
　　　代表役員　　甲　山　一　郎　殿

(弁済金受領書)

弁 済 金 受 領 書

　金○万円　　ただし、○○の売掛代金

　上記は、貴法人が合併するにつき平成○○年○○月○○日異議を申し述べたところ、本日、その弁済を受け正に受領しました。

　　平成○○年○○月○○日

　　　　　　　　　　　　　東京都○○区○○町○丁目○番○号
　　　　　　　　　　　　　　　債権者　　○　○　○　○　㊞

宗教法人○○寺
　　　代表役員　　甲　山　一　郎　殿

（委任状）

```
                委 任 状

              東京都豊島区東池袋一丁目1番1号
                     山 川 太 郎

 私は、上記の者を代理人に定め、下記の権限を委任する。

                 記

 1 当法人は、平成〇〇年〇〇月〇〇日宗教法人△△を合併したので、そ
 の変更登記を申請する一切の件
 1 原本還付の請求及び受領の件

 平成〇〇年〇〇月〇〇日

              東京都中野区中野一丁目1番1号
                宗教法人〇〇寺
                   代表役員  甲 山 一 郎 ㊞
```

（注） 代表役員の印鑑は、代表役員が登記所に提出している印鑑を押印します。

Q54 吸収合併により解散する宗教法人の解散の登記手続について、教えてください。

　吸収合併の場合には、吸収合併存続法人の主たる事務所の所在地を管轄する登記所に対し、存続法人についての変更の登記申請書と吸収合併消滅法人についての解散の登記申請書を、同時に提出する必要があります。また、合併による解散の登記申請については、吸収合併存続法人を代表すべき者が吸収合併消滅法人を代表して申請することになります（法65条、商業登記法82条）。

1 登記すべき事項

　登記すべき事項は、解散の旨並びにその事由及び年月日です（法65条、商業登記法71条1項）。

2 添付書類

　添付書面は、委任状を含め一切要しません（法65条、商業登記法82条4項）。

申請書書式
（吸収合併による登記―吸収合併消滅法人についての解散の登記）

```
               宗教法人合併による解散登記申請書
  1  名       称      △△
  1  主 た る 事 務 所   東京都府中市府中一丁目1番1号
  1  登 記 の 事 由    合併による解散
  1  認証書到達の年月日  平成〇〇年〇〇月〇〇日
  1  登 記 す べ き 事 項 平成〇〇年〇〇月〇〇日東京都中野区中野一
                     丁目1番1号宗教法人〇〇寺に合併し解散

    上記のとおり登記の申請をします。

                       東京都府中市府中一丁目1番1号
                       申 請 人   △△（注1）
                       東京都中野区中野一丁目1番1号
                       存続法人   〇〇寺
                       代表役員   甲 山 一 郎 ㊞（注2）
                       東京都豊島区東池袋一丁目1番1号
                       代 理 人   山 川 太 郎 ㊞
                       連絡先の電話番号  〇〇〇－〇〇〇－〇〇〇〇

  東京法務局中野出張所    御中
```

（注）解散登記申請書は、吸収合併存続法人の合併による変更の登記申請と同時に提出しなければなりません。
（注1）吸収合併消滅法人を記載します。
（注2）吸収合併存続法人の代表役員を記載します。

4　新設合併の手続

Q55
宗教法人の新設合併の手続について、教えてください。

　新設合併とは、合併により消滅する法人の権利義務の全部を合併により設立する法人に承継させるものをいいます。宗教法人は、新設合併をしようとするときは、所定の手続をした後、その合併について所轄庁の認証を受けなければならないとされています（法33条）。
　新設合併の手続の流れは、次のとおりです。

1　宗教法人の規則で定める手続を経ること（宗教法人の合併意思の決定）
　　規則で定める合併の手続を経ることによって、宗教法人の合併の意思を決定します。規則に、責任役員会の議決及び合併につきその他の機関の議決又は同意を得なければならない旨の定めがある場合は、その議決又は同意を得なければなりません。また、規則に、合併するときは、包括宗教団体の承認を得なければならない旨の定めがある場合は、その承認を得なければなりません。ただし、規則に別段の定めがないときは、責任役員会において責任役員の定数の過半数の議決で決定されます（法34条1項、19条）。

2　信者その他の利害関係人に対する合併しようとする旨の公告
　　合併しようとする宗教法人は、合併意思の決定のための手続を行った後、合併契約案を作成し、その信者その他の利害関係人に対し、合併契約案の要旨を示して合併しようとする旨を公告しなければなりません（法34条1項）。

3　財産目録及び事業に係る貸借対照表の作成
　　合併しようとする宗教法人は、2の公告をした後2週間以内に財産目録及び公益事業その他の事業を行う場合には、その事業に係る貸借対照表を作成しなければなりません（同条2項）。

4　債権者保護手続
　　合併しようとする宗教法人は、2の公告をした日から2週間以内に、

債権者に対し合併に異議があればその公告の日から2か月を下らない一定の期間内に、異議を申し述べるべき旨を公告し、かつ、知れている債権者には、各別に催告しなければなりません（法34条3項）。

　債権者が、2か月を下らない一定の期間内に異議を申し述べたときは、これに弁済をし、若しくは相当の担保を供し、又はその債権者に弁済を受けさせることを目的として信託会社若しくは信託業務を営む金融機関に相当の財産を信託しなければなりません。ただし、合併をしてもその債権者を害するおそれがないときは、この限りでないとされています（同条4項）。

5　新設合併における新規則の作成手続

　新設合併は、2以上の宗教法人が合併によって宗教法人を設立することになりますので、その合併しようとする各宗教法人が選任した者により新規則を作成しなければならないとされています（法35条2項）。また、各宗教法人が選任した者は、合併の認証申請の少なくとも2か月前に信者その他の利害関係人に対し、新規則の案の要旨を示して、合併によって新宗教法人を設立しようとする旨を公告しなければならないとされています（同条3項）。

6　合併により被包括関係の設定又は廃止をする場合の手続（法36条）

　新設される宗教法人が、合併に伴って被包括関係の設定又は廃止をしようとするときは、そのための手続が必要です。

7　合併契約の締結

　宗教法人が新設合併をするには、合併当事法人で合併契約を締結しなければなりません。

8　合併認証申請（法38条）

　合併の認証の申請は、合併しようとするすべての宗教法人の連名をもって、合併によって設立しようとする宗教法人の所轄庁に対して行います。

9　合併の登記

　宗教法人が新設合併するときは、その主たる事務所の所在地において、合併により設立する法人については設立の登記、合併により解散する宗教法人については解散の登記をしなければなりません（法56条）。宗教法人の合併は、合併によって設立する宗教法人がその主たる事務所

の所在地において合併の登記をすることによって効力を生じます（法41条）。

5　新設合併の登記手続

Q56
宗教法人の新設合併の登記手続について、教えてください。

　新設合併とは、合併により解散する宗教法人の権利義務の全部を新設合併により設立する宗教法人に承継させるものをいいます。
　宗教法人が新設合併をする場合は、その主たる事務所の所在地において、新設合併により消滅する法人（以下「新設合併消滅法人」という。）については解散の登記をし、新設合併により設立する法人（以下「新設合併設立法人」という。）については、設立の登記をしなければなりません（法56条）。
　登記の申請は、新設合併設立法人の主たる事務所の所在地を管轄する登記所に対し、合併による設立の登記申請書と各新設合併消滅法人についての解散の登記申請書を、同時に提出する必要があります（法65条、商業登記法82条）。

1　新設合併による設立の登記
　(1)　登記期間
　　　新設合併による宗教法人の登記は、当該合併に関する認証書の交付を受けた日から2週間以内に、その主たる事務所の所在地において登記をしなければならないとされています（法56条）。
　(2)　登記すべき事項
　　　登記すべき事項は、通常の設立の登記事項と同一の事項及び合併をした旨並びに各消滅法人の名称及び主たる事務所です（法65条、商業登記法79条）。
　(3)　添付書類
　　　添付書類は、次のとおりです（法63条）。

ア　所轄庁の合併認証書の謄本
イ　新設合併契約書
ウ　合併しようとする宗教法人の規則
エ　合併しようとする宗教法人が規則で定める手続を経たことを証する書類
　　規則に責任役員会の議決及びその他の機関の議決又は同意を要する旨の定めがある場合には、その議決又は同意があったことを証する書面、また、合併につき包括宗教団体の承認を得なければならない旨の定めがある場合は、その承認書を添付します。
オ　新設合併消滅法人における債権者保護手続に関する書面
　　債権者保護手続のための公告及び催告をしたこと並びに異議を述べた債権者があるときは、当該債権者に対し弁済し若しくは相当の担保を提供し若しくは当該債権者に弁済を受けさせることを目的として相当の財産を信託したこと又は当該債権者を害するおそれがないことを証する書面を添付します。
カ　所轄庁の証明のある新設合併設立法人の規則の謄本
キ　代表権を有する者の資格を証する書面
　　設立委員による責任役員の選任書、責任役員による代表役員の選定書及び代表役員の就任承諾書が該当します。
ク　新設合併消滅法人の登記事項証明書
2　新設合併による解散の登記
　(1)　登記すべき事項
　　　登記すべき事項は、解散の旨並びにその事由及び年月日です（法65条、商業登記法71条1項）。
　(2)　添付書類
　　　添付書面は要しません（法65条、商業登記法82条4項）。

申請書書式
(新設合併の登記―合併による設立の登記)

宗教法人合併による設立登記申請書

1 名　　　　称	□□寺	
1 主たる事務所	東京都中野区中野三丁目3番3号	
1 登記の事由	平成○○年○○月○○日新設合併の手続終了	
1 認証書到達の年月日	平成○○年○○月○○日	
1 登記すべき事項	別添CD-Rのとおり(**注1**)	
1 添付書類	合併契約書	1通
	合併認証書の謄本	1通
	合併しようとする法人の規則	○通(**注2**)
	規則で定める手続を経たことを証する書面	○通(**注3**)
	公告及び催告をしたことを証する書面	○通(**注4**)
	異議を述べた債権者に対し弁済し、担保を供し、若しくは信託をしたこと又は合併をしてもその者を害するおそれがないことを証する書面	○通(**注5**)
	代表役員の資格を証する書面	○通(**注6**)
	新設する宗教法人の規則の謄本	1通(**注7**)
	解散する宗教法人の登記事項証明書	○通
	委任状	1通(**注8**)

　上記のとおり登記の申請をします。

　　平成○○年○○月○○日

　　　　　　　　　東京都中野区中野三丁目3番3号
　　　　　　　　　申請人　　□□寺
　　　　　　　　　東京都西東京市保谷一丁目1番1号
　　　　　　　　　代表役員　丁村博一　㊞(**注9**)
　　　　　　　　　東京都豊島区東池袋一丁目1番1号
　　　　　　　　　代理人　　山川太郎　㊞(**注10**)
　　　　　　　　　連絡先の電話番号　○○○-○○○-○○○○

東京法務局中野出張所　御中

（注1）登記すべき事項については、登記申請書への記載に代えて、磁気ディスク（法務省令で定める電磁的記録に限る。）であるCD-R又はFD（フロッピーディスク）に記録し、これを登記所に提出することができます（法65条、商業登記法17条4項）。
（注2）規則に定める合併手続を明らかにするため、添付します。
（注3）吸収合併消滅法人の責任役員会議事録、総代会等の議事録又は同意書等を添付します。
（注4）公告の方法は、規則に定めてある方法によります。なお、催告をしたことを証する書面としては、催告書の控えが該当します。
（注5）異議を述べた債権者がある場合は、債権者の異議申立書と、債権者作成の弁済金受領書、担保契約書又は信託証書等を添付します。異議を述べた債権者がないときは、申請書にその旨記載します。
（注6）代表役員の資格を証する書面は、設立委員による責任役員選任書、責任役員による代表役員選定書及び代表役員の就任承諾書が該当します。
（注7）所轄庁の証明のある新設合併設立法人の規則の謄本
（注8）代理人に登記申請を委任した場合に添付します。
（注9）代表役員の印鑑は、代表役員が登記所に提出している印鑑を押印します。
（注10）代理人が申請する場合に記載し、代理人の印鑑を押印します。この場合には、代表役員の押印は必要ありません。

（登記事項を記録した磁気ディスクを提出する場合の登記事項の記録例）

　　「名称」□□寺
　　「主たる事務所」東京都中野区中野三丁目３番３号
　　「目的」
　　目的
　　　この法人は、○○を本尊として、○○宗の教義をひろめ、儀式行事を行い、信者を教化育成することを目的とし、その目的を達成するために必要な業務を行う。
　　「役員に関する事項」
　　「資格」代表役員
　　「住所」東京都西東京市保谷一丁目１番１号
　　「氏名」丁村博一
　　「従たる事務所番号」１
　　「従たる事務所の所在地」東京都府中市府中五丁目５番５号
　　「公告の方法」この法人の公告は、この寺院の機関紙に２回掲載し、事務所の掲示場に１０日間掲示して行う。
　　「基本財産の総額」金○○○万円
　　「包括宗教団体の名称」○○宗
　　「宗教法人非宗教法人の別」宗教法人
　　「登記記録に関する事項」東京都中野区中野一丁目１番１号宗教法人○○寺と東京都府中市府中一丁目１番１号宗教法人△△の合併により設立

（**注**）宗教法人が公益事業又は公益事業以外の事業を行う場合には、その旨を記載します。

（合併契約書）

合　併　契　約　書

　宗教法人○○寺（以下「甲」という。）は宗教法人△△（以下「乙」という。）と合併して、新たに宗教法人□□寺を設立することにつき、甲乙両法人間に以下の契約を締結する。

第1条　甲と乙は合併して、宗教法人□□寺を設立し、これにより、甲乙は解散する。

第2条　合併期日は、平成○○年○○月○○日とする。ただし、期日において合併に必要な手続を行うことが困難な場合は、これを変更することができる。

第3条　新設合併設立法人の名称、主たる事務所の所在地、目的、公告の方法、基本財産の総額等は、次のとおりとする。
　　　1　名　　　　称　宗教法人□□寺
　　　2　主たる事務所　東京都中野区中野三丁目3番3号
　　　3　目　　　　的　この法人は、○○を本尊として、○○宗の教義を広め、儀式行事を行い、信者を教化育成することを目的とし、その目的を達成するために必要な業務を行う。
　　　4　従たる事務所　東京都府中市府中一丁目1番1号
　　　5　公告の方法　この法人の公告は、この寺院の機関紙に2回掲載し、事務所の掲示場に10日間掲示して行う。
　　　6　基本財産の総額　金○○○万円

第4条　甲及び乙は、本契約締結後その所有に係る一切の財産を善良な管理者の注意をもって管理し、新たな義務の負担その他重要な取引を行うについては、相手方の承認を受けるものとする。

第5条　新設合併設立法人は、甲乙の平成○○年○○月○○日現在の貸借対照表及び財産目録を基礎として、その合併期日までの間における収入支出を加除し、合併期日における甲乙の権利義務の一切を引き継ぐものとする。

第6条　甲及び乙は、本合併契約の承認並びに設立委員の選任等必要な議決を経るため、平成○○年○○月○○日を期し、両法人の各規則に定める合併手続のための役員会等の招集をするものとする。

第7条　本契約締結の日から合併成立の日までの間に、天災地変その他の事由によって甲又は乙の資産状況に重大な変更をきたしたときは、甲又は乙は本契約を解除することができる。

第8条　本契約は、甲及び乙の合併承認決議を経た後、所轄庁の認証を受けた日から効力を生ずるものとする。

　この契約を証するため、本契約書2通を作成し、甲及び乙において各自その1通を保有するものとする。

　平成○○年○○月○○日

　　　　　　　　　　　　　　東京都中野区中野一丁目1番1号
　　　　　　　　　　　　　　（甲）宗教法人○○寺
　　　　　　　　　　　　　　代表役員　　甲　山　一　郎　㊞
　　　　　　　　　　　　　　東京都府中市府中一丁目1番1号
　　　　　　　　　　　　　　（乙）宗教法人△△
　　　　　　　　　　　　　　代表役員　　丙　川　三　郎　㊞

（合併承認等の責任役員会議事録）

責任役員会議事録

1　日　　　時　　平成○○年○○月○○日午前10時30分
1　場　　　所　　当法人会議室
1　責任役員定数　6名
1　出　席　者　　代表役員　甲山一郎　　責任役員　乙川英雄
　　　　　　　　　責任役員　丙野太郎　　責任役員　○○○○
　　　　　　　　　責任役員　○○○○　　責任役員　○○○○
1　議　　　題
　(1)　当法人と宗教法人△△とが合併して宗教法人□□寺を設立するための合併契約書の承認に関する件について
　(2)　設立委員の選任に関する件について
1　議事の経過の要領及びその結果
　　定刻に至り、慣例により代表役員甲山一郎が議長となり、責任役員の全員が出席し、規則に定める定足数を満たしたので開会を宣し、直ちに議案の審議に入った。
　　　議案　合併契約書承認の件
　　議長は、当法人と東京都府中市府中一丁目1番1号宗教法人△△とが合併して、宗教法人□□寺を設立し、両法人は解散することとする、平成○○年○○月○○日締結した合併契約書の承認を議場に諮ったところ、満場一致をもって異議なく可決承認された。
　　　議案　設立委員の選任について
　　議長は、合併によって宗教法人を設立するのに必要な行為をするため、設立委員として、当法人から○名を選出する必要がある旨を述べ、その選出方法を諮ったところ、満場一致をもって○○○○及び○○○○が選出され、被選任者はいずれも就任を承諾した。

　　上記の決議を明確にするためこの議事録を作り、議長及び出席責任役員次に記名押印する。

　　平成○○年○○月○○日

　　　　　　　　　　宗教法人○○寺責任役員会
　　　　　　　　　　議長代表役員　　甲　山　一　郎　㊞
　　　　　　　　　　出席責任役員　　乙　川　英　雄　㊞
　　　　　　　　　　　　同　　　　　丙　野　太　郎　㊞
　　　　　　　　　　　　同　　　　　○　○　○　○　㊞
　　　　　　　　　　　　同　　　　　○　○　○　○　㊞
　　　　　　　　　　　　同　　　　　○　○　○　○　㊞

第9章　合併の登記

(総代の同意書)

```
　　　　　　　　　同　　意　　書

　当法人と宗教法人△△との合併に関する件につき、別添の合併契約書の
とおり合併することに同意します。

　平成〇〇年〇〇月〇〇日

　　　　　　　　　　　　宗教法人〇〇寺
　　　　　　　　　　　　　総代　　〇　〇　〇　〇　㊞
　　　　　　　　　　　　　同　　　〇　〇　〇　〇　㊞
　　　　　　　　　　　　　同　　　〇　〇　〇　〇　㊞
　　　　　　　　　　　　　同　　　〇　〇　〇　〇　㊞
```

(包括宗教団体の承認書)

```
　　　　　　　　　承　　認　　書

　　　　　　　　　　　　　　　東京都中野区中野一丁目1番1号
　　　　　　　　　　　　　　　　宗教法人〇〇寺

　宗教法人〇〇寺が東京都府中市府中一丁目1番1号宗教法人△△と新設
合併して、新たに宗教法人□□寺を設立し、解散することを承認する。

　平成〇〇年〇〇月〇〇日

　　　　　　　　　　　　〇〇県〇〇市〇〇町〇丁目〇番〇号
　　　　　　　　　　　　〇〇宗
　　　　　　　　　　　　　代表役員　　〇　〇　〇　〇　㊞
```

（設立委員による責任役員選任決議書）

責任役員選任決議書

　平成〇〇年〇〇月〇〇日午前10時、宗教法人□□寺設立事務所において、出席した設立委員の全員一致により、設立当初の責任役員を次のとおり選任する。

　　責任役員　　丁村博一
　　　同　　　　乙野成夫
　　　同　　　　戊原栄一

　平成〇〇年〇〇月〇〇日
　　　　　　　　　　　　宗教法人□□寺設立委員会
　　　　　　　　　　　　　設立委員　〇〇〇〇　㊞
　　　　　　　　　　　　　　同　　　〇〇〇〇　㊞
　　　　　　　　　　　　　　同　　　〇〇〇〇　㊞
　　　　　　　　　　　　　　同　　　〇〇〇〇　㊞

（代表役員の選定書）

互　選　書

　平成〇〇年〇〇月〇〇日午後1時30分から、東京都中野区中野三丁目3番3号（宗教法人□□寺設立事務所）において、代表役員を選定するため、責任役員全員の互選の結果、次のとおり決定した。

1　代表役員に責任役員丁村博一を選定すること。
　　なお、被選任者は、その就任を承諾した。

　上記決定を明確にするため、本互選書を作成し、責任役員全員が次に記名押印する。

　平成〇〇年〇〇月〇〇日

　　　　　　　　　　　宗教法人□□寺責任役員会
　　　　　　　　　　　　　責任役員　　丁　村　博　一　㊞
　　　　　　　　　　　　　　同　　　　乙　野　成　夫　㊞
　　　　　　　　　　　　　　同　　　　戊　原　栄　一　㊞

（就任承諾書）

就　任　承　諾　書

　私は、平成〇〇年〇〇月〇〇日開催の貴宗教法人責任役員会において、貴宗教法人の代表役員に選任されたので、その就任を承諾します。

　平成〇〇年〇〇月〇〇日

　　　　　　　　　　　東京都西東京市保谷一丁目1番1号
　　　　　　　　　　　　　　　丁　村　博　一　㊞

宗教法人□□寺　御中

(合併公告)

合 併 公 告

　このたび、宗教法人○○寺（甲）及び宗教法人△△（乙）合併して宗教法人□□寺（主たる事務所　東京都中野区中野三丁目3番3号）を設立し、解散することになりました。
　責任役員会の承認決議は、甲については平成○○年○○月○○日、乙については平成○○年○○月○○日に終了しています。
　この合併に異議のある債権者は、平成○○年○○月○○日までにその旨を申し述べてください。
　宗教法人法第34条第3項の規定により公告します。

平成○○年○○月○○日

　　　　　　　　　　　　東京都中野区中野一丁目1番1号
　　　　　　　　　　　　　（甲）宗教法人○○寺
　　　　　　　　　　　　　　　　代表役員　　甲　山　一　郎
　　　　　　　　　　　　東京都府中市府中一丁目1番1号
　　　　　　　　　　　　　（乙）宗教法人△△
　　　　　　　　　　　　　　　　代表役員　　丙　川　三　郎

（催告書）

催　告　書

　謹啓、貴殿益々御清祥のことと存じます。
　さて、当宗教法人は、平成〇〇年〇〇月〇〇日開催の責任役員会において、東京都府中市府中一丁目1番1号宗教法人△△と合併し、宗教法人□□寺を設立することを決議し、解散することにしました。
　合併に対し御異議がございましたら、平成〇〇年〇〇月〇〇日までにその旨をお申し出ください。

　上記、宗教法人法第34条第3項の規定により催告いたします。

　平成〇〇年〇〇月〇〇日

　　　　　　　　　　　　東京都中野区中野一丁目1番1号
　　　　　　　　　　　　　宗教法人〇〇寺
　　　　　　　　　　　　　　　代表役員　　甲　山　一　郎　㊞

（承諾書）

承　諾　書

　平成〇〇年〇〇月〇〇日付けをもって催告のありました宗教法人△△と合併し、宗教法人□□寺を設立して貴宗教法人が解散する件については、別段異議がありませんので、その旨回答します。

　平成〇〇年〇〇月〇〇日

　　　　　　　　　　　　　東京都〇〇区〇〇町〇丁目〇番〇号
　　　　　　　　　　　　　　　〇　〇　〇　〇　㊞

宗教法人〇〇寺
　　代表役員　　甲　山　一　郎　殿

(異議申述書)

異 議 申 述 書

　平成〇〇年〇〇月〇〇日付けで貴法人の合併に関する異議申述に関する催告を受けましたが、私は、貴法人に対して有する金〇万円の債権の弁済後でなければ上記合併を承諾しかねますので、本書面をもってその旨を通知します。

　平成〇〇年〇〇月〇〇日

　　　　　　　　　　　　　　　東京都〇〇区〇〇町〇丁目〇番〇号
　　　　　　　　　　　　　　　　債権者　　〇　〇　〇　〇　㊞

宗教法人〇〇寺
　　代表役員　　甲　山　一　郎　殿

(弁済金受領書)

弁 済 金 受 領 書

　金〇万円　　ただし、〇〇の売掛代金

　上記は、貴法人が合併するにつき平成〇〇年〇〇月〇〇日異議を申し述べたところ、本日、その弁済を受け正に受領しました。

　平成〇〇年〇〇月〇〇日

　　　　　　　　　　　　　　　東京都〇〇区〇〇町〇丁目〇番〇号
　　　　　　　　　　　　　　　　債権者　　〇　〇　〇　〇　㊞

宗教法人〇〇寺
　　代表役員　　甲　山　一　郎　殿

申請書書式
（新設合併による解散登記申請書）

宗教法人合併による解散登記申請書

1　名　　　　称　　　○○寺
1　主たる事務所　　　東京都中野区中野一丁目1番1号
1　登記の事由　　　　合併による解散
1　認証書到達の年月日　平成○○年○○月○○日
1　登記すべき事項　　東京都府中市府中一丁目1番1号宗教法人△△と合併して東京都中野区中野三丁目3番3号宗教法人□□寺を設立し平成　年　月　日解散（注1）
1　添付書類　　　　　委任状　1通

上記のとおり登記の申請をします。

平成○○年○○月○○日

　　　　　　　　　東京都中野区中野一丁目1番1号
　　　　　　　　　申請人　　○○寺（注2）
　　　　　　　　　東京都中野区中野三丁目3番3号
　　　　　　　　　新設法人　　□□寺
　　　　　　　　　東京都西東京市保谷一丁目1番1号
　　　　　　　　　代表役員　　丁 村 博 一　㊞（注3）
　　　　　　　　　東京都豊島区東池袋一丁目1番1号
　　　　　　　　　代理人　　山 川 太 郎　㊞（注4）
　　　　　　　　　連絡先の電話番号　○○○-○○○-○○○○

東京法務局中野出張所　御中

（注1）登記すべき事項については、登記申請書への記載に代えて、磁気ディスク（法務省令で定める電磁的記録に限る。）であるCD-R又はFD（フロッピーディスク）に記録し、これを登記所に提出することができます。この場合には、登記すべき事項を登記申請書に記載する必要はありません（法65条、商業登記法17条4項）。登記申請書の登記すべき事項欄に「別添CD-R（FD）のとおり」と記載します。新設合併による解散の年月日は設立登記をした日ですので、登記官が職権で記載するため、申請の際には記載する必要はありません（法65条、商業登記法83条2項）。

(注2) 新設合併消滅法人を記載します。
(注3) 新設合併設立法人の代表役員を記載します。
(注4) 代理人が申請する場合に記載し、代理人の印鑑を押印します。この場合には、代表役員の押印は必要ありません。

第10章
解散・清算等に関する登記

1 解散及び清算

Q57
宗教法人は、どのような事由によって解散するのですか。

1 解散の事由
　宗教法人の解散には、宗教法人の意思で解散する任意解散と、宗教法人法に定められた解散事由に該当することによって解散する法定解散とがあります（法43条）。なお、解散した宗教法人は、その清算の目的の範囲内において、清算が結了するまでは存続するものとみなされます（法48条の2）。

(1) 任意解散
　宗教法人が任意に解散するときは、規則に定められた手続に従って解散します（法44条2項）。

(2) 法定解散
　宗教法人は、宗教法人法で定められた次の事由の発生により解散するとされています（法43条2項）。また、法定解散の場合には、所轄庁の認証は要しません。

　ア　規則で定める解散事由の発生
　　宗教法人は、その規則中に解散の事由を定めておくことができ、その事由が確定したときに解散します。

　イ　合併（合併後存続する宗教法人における当該合併を除く。）
　　合併によって宗教法人が消滅する場合に限ります。すなわち、吸収合併の場合の消滅法人は解散しますし、新設合併の場合の各当事法人は解散します。

ウ　破産手続開始の決定

　　法人は、破産手続開始の決定により解散します（破産法30条2項）。

　エ　所轄庁の認証の取消

　　所轄庁が設立に係る規則の認証又は新設合併の認証をした場合において、その団体が宗教団体でないことが判明したときは、所轄庁は、当該認証に関する認証書を交付した日から1年以内に限り、当該認証を取り消すことができます（法80条1項）。認証の取消しによって宗教法人は解散するものとされています。認証の取消しをしたときは、所轄庁は、当該宗教法人の主たる事務所及び従たる事務所の所在地の登記所に解散の登記の嘱託をしなければならないとされています（同条6項）。

　オ　裁判所の解散命令

　　裁判所は、宗教法人について、宗教法人法81条1項各号に該当する事由があると認めたときは、所轄庁、利害関係人若しくは検察官の請求により又は職権で解散を命ずることができます（法81条1項）。この裁判所の解散命令を受けた宗教法人は解散します。

　　裁判所は、この裁判が確定したときは、解散した宗教法人の主たる事務所及び従たる事務所の所在地の登記所に解散の登記の嘱託をしなければならないとされています（同条6項）。

　カ　包括宗教法人の包括する宗教団体の欠亡

　　宗教団体を包括する宗教法人にあっては、被包括関係が廃止されたり、被包括宗教団体が解散する等して、被包括宗教団体が存在しなくなれば、包括宗教団体としての要件を欠くことになるため、解散するものとされています。

　　なお、宗教法人は、ウの破産手続開始の決定により解散したときは、遅滞なくその旨を所轄庁に届け出なければならないとされています。

2　清算法人の機関

　宗教法人は、合併又は破産手続開始の決定による解散の場合を除き、清算人により、清算手続をしなければなりません。

Q58
宗教法人の任意解散の手続について、説明してください。

1 解散の手続
　宗教法人が任意に解散しようとするときは、次に掲げる手続を行った後、その解散について所轄庁の認証を受けなければならないとされています（法44条）。

(1) 規則で定める解散の手続を経ること。
　宗教法人が任意に解散しようとするときは、規則で定める手続を経ることが必要です。
　規則で定める手続としては、解散につき責任役員会の議決が必要です。規則に、解散しようとするときは、その他の機関（総代、総会等）の議決又は同意を得なければならない旨の定めがある場合は、その議決又は同意が必要です。また、規則に、解散しようとするときは、包括宗教団体の承認を得なければならない旨の定めがある場合は、その承認も必要です。
　解散の手続が規則に規定されていない場合は、責任役員会において、責任役員の定数の過半数の議決で決定されます（法44条2項、19条）。

(2) 公　告
　宗教法人は、規則で定める解散の手続をした後、信者その他の利害関係人に対し、解散に意見があれば、2か月を下らない一定の期間内に解散について意見を述べるべき旨の公告をしなければなりません（法44条2項）。この公告は、規則で定められた方法によって行います。
　信者その他の利害関係人から解散について意見が述べられた場合は、申出のあった意見を十分考慮し、その解散の手続を進めるかどうかについて再検討しなければならないとされています（同条3項）。

2 解散の認証申請
　所轄庁に対し、解散の認証を受けようとするときは、解散認証申請書に次の書類を添付して認証の申請をします（法45条）。

ア　解散の決定について規則で定める手続（規則に別段の定めがないときは、責任役員会において、責任役員の定数の過半数による議決）を経たことを証する書類
　イ　信者その他の利害関係人に対する公告をしたことを証する書類
3　解散の認証
　所轄庁は、認証の申請を受理した場合においては、その旨を当該宗教法人に通知します。その後、申請に係る解散の手続が宗教法人法44条の規定に従ってなされているかどうかを審査し、手続が適法になされたと認めたときは認証を決定し、申請書類から手続が適法になされたことが確認できないときは、認証できない旨の決定をします（法46条1項）。
　なお、所轄庁において認証できない旨の決定を行う場合の手続や認証審査期間については、宗教法人法14条2項から4項までの規定が準用されています（同条2項）。
4　解散の効力発生
　任意解散の効力は、解散に関する認証書の交付を受けたときに生じます（法47条）。

申請書書式
（解散認証申請書）

宗教法人解散認証申請書

　　　　　　　　　　　　　　　　　　　　　平成　　年　　月　　日

東京都知事　殿

　　　　　　　　　　　　東京都中野区中野三丁目3番3号
　　　　　　　　　　　　　　宗教法人□□寺
　　　　　　　　　　　　　　　代表役員　丁村博一　㊞

　宗教法人□□寺を解散したいので、宗教法人法第45条の規定により下記書類を添えて、解散の認証を申請します。

　　　　　　　　　　　　　記

1　解散の決定について、規則で定める手続を経たことを証する書類
　(1)　責任役員会議事録（写し）

(2)　その他の機関の同意書（写し）
　(3)　包括宗教団体の承認書（写し）
1　宗教法人法第44条第2項の規定による公告をしたことを証する書類

(注) 信者その他の利害関係人が解散について意見を申し述べた場合には、法44条3項の規定による再検討をしたことを証する書面を添付します（文化庁『宗教法人の事務（改訂版）』112頁（ぎょうせい））。

Q59
清算人の選任手続について、説明してください。

　宗教法人は、合併又は破産手続開始の決定による解散の場合を除き、清算人により、清算手続をしなければなりません。

1　清算人の選任

　任意解散及び規則で定める解散事由の発生、包括宗教法人における被包括宗教団体の欠亡による解散の場合に、清算人となるべき者は次のとおりです（法49条1項）。

(1)　規則に清算人の選任方法の定めがある場合には、その定めに従って選任します。
(2)　規則に定めがなく、解散に際して代表役員又はその代務者以外の者を清算人に選任したときは、その者が清算人となります。
(3)　(1)(2)により清算人を選任しなかったときは、代表役員又はその代務者が清算人となります。
(4)　上記(1)から(3)までに該当せず、清算人となる者がいないとき、又は清算人が欠けたため損害を生ずるおそれがあるときは、裁判所が利害関係人若しくは検察官の請求により又は職権で清算人を選任することになります（法49条2項）。
(5)　所轄庁の認証の取消し又は裁判所の解散命令により解散したときは、裁判所が所轄庁、利害関係人若しくは検察官の請求により又は職権で清算人を選任することになります（同条3項）。

2　清算人の欠格事由

清算人の欠格事由については、宗教法人法49条4項で22条を準用していますので、①未成年者、②成年被後見人又は被保佐人、③禁錮以上の刑に処せられ、その執行を終わるまで又は執行を受けることがなくなるまでの者は清算人になることはできません（法49条3項、22条）。

2　解散及び清算人の登記手続

> **Q60**
> 宗教法人の解散及び清算人の登記手続について、教えてください。

1　登記期間

(1)　解散の登記

宗教法人が解散したときは、合併及び破産手続開始の決定による解散の場合を除き、①任意解散（法43条1項）の場合は、当該解散に関する認証書の交付を受けた日から、法定解散（同条2項）の場合において、②規則で定める解散事由の発生、③被包括宗教団体の欠亡による解散の場合は、当該解散の事由の生じた日から、2週間以内に、主たる事務所の所在地において解散の登記をしなければなりません（法57条）。

所轄庁の認証の取消し及び裁判所の解散命令による解散の場合には、所轄庁、裁判所の嘱託で登記をします。

(2)　清算人就任の登記

宗教法人が解散したときは、合併及び破産手続開始の決定による解散の場合を除き、規則に別段の定めがある場合及び解散に際し代表役員又はその代務者以外の者を清算人に選任した場合を除くほか、代表役員又はその代務者が清算人となり（法49条1項）、代表権を有する者の変更を生じますので、代表権を有する者の氏名、住所及び資格について、2週間以内に、主たる事務所の所在地において、変更の登記をしなければなりません（法53条）。

なお、解散の登記は、清算人が申請することになりますので、解散の登記と清算人就任の登記とは、同時に申請することになります（法65条、商業登記法71条3項）。

2 登記すべき事項

(1) 解散の登記

登記すべき事項は、解散の旨並びにその事由及び年月日です（法65条、商業登記法71条1項）。

(2) 清算人就任の登記

登記すべき事項は、清算人の氏名及び住所です（法52条2項6号）。

3 添付書類

解散の登記の申請書には、次の書類を添付しなければなりません（法63条5項・6項、65条、商業登記法71条3項）。

(1) 任意解散

ア　所轄庁の証明がある解散認証書の謄本

イ　解散の事由を証する書類

責任役員会議事録、規則に、解散しようとするときは総代の議決又は同意を得なければならない旨の定めがある場合は、総代会の議事録又は総代の同意書を添付しなければなりません。また、規則に、解散しようとするときは包括宗教団体の承認を得なければならない旨の定めがある場合は、包括宗教団体の承認書を添付します。

ウ　清算人の資格を証する書面

責任役員会において清算人を選任した場合には、責任役員会議事録を添付します。

ただし、清算人が宗教法人法49条1項の規定により代表役員又はその代務者が清算人となったものであるときは、添付を要しません（法65条、商業登記法71条3項）。

(2) 法定解散

ア　解散の事由を証する書面

規則で定める解散事由の発生により解散した場合には、当該事由の発生を証する書面を添付します。

イ　清算人の資格を証する書面

4　印鑑届出

　印鑑提出者の資格が変更になるため、清算人は、その印鑑を登記所に提出しなければなりません（法65条、商業登記法20条）。

申請書書式
（解散・清算人の登記―任意解散の場合）

```
             宗教法人解散及び清算人就任登記申請書
  1　名　　　　　称　　□□寺
  1　主　た　る　事　務　所　　東京都中野区中野三丁目3番3号
  1　登　記　の　事　由　　解散及び清算人の就任
  1　認証書到達の年月日　　平成○○年○○月○○日
  1　登　記　す　べ　き　事　項　　平成○○年○○月○○日責任役員会の決議に
                         より解散
                         同日清算人に就任
                           東京都江戸川区小松川一丁目1番1号
                           清算人　乙川英雄（注1）
  1　添　付　書　類　　合併認証書の謄本　　　　1通
                   責任役員会議事録　　　　1通（注2）
                   総代の同意書　　　　　　1通
                   包括宗教団体の承認書　　1通
                   清算人の資格を証する書面　1通（注3）
                   清算人の就任承諾書　　　1通
                   規則　　　　　　　　　　1通（注4）
                   委任状　　　　　　　　　1通（注5）

  上記のとおり登記の申請をします。

     平成○○年○○月○○日

                      東京都中野区中野三丁目3番3号
                      申請人　　□□寺
                      東京都江戸川区小松川一丁目1番1号
                      清算人　　乙　川　英　雄　㊞（注6）
                      東京都豊島区東池袋一丁目1番1号
                      代理人　　山　川　太　郎　㊞（注7）
                      連絡先の電話番号　○○○－○○○－○○○○
```

東京法務局中野出張所　御中

(注1) 本例は、登記すべき事項を直接申請書に記載する方法による場合ですが、登記すべき事項については、登記申請書への記載に代えて、磁気ディスク（法務省令で定める電磁的記録に限る。）であるCD-R又はFD（フロッピーディスク）に記録し、これを登記所に提出することができます（法65条、商業登記法17条4項）。
(注2) 解散の事由を証する書面として、規則で定める手続を経たことを証する書類が必要です。
(注3) 責任役員会の議事録を添付します。
(注4) 規則に定める解散手続を明らかにするため、添付します。
(注5) 代理人に登記申請を委任した場合に添付します。
(注6) 清算人の印鑑は、清算人が登記所に提出している印鑑を押印します。
(注7) 代理人が申請する場合に記載し、代理人の印鑑を押印します。この場合には、清算人の押印は必要ありません。

（責任役員会議事録）

責任役員会議事録

1　日　　　時　　平成〇〇年〇〇月〇〇日午前10時30分
1　場　　　所　　当法人会議室
1　責任役員定数　6名
1　出　席　者　　代表役員　丁村博一　　責任役員　乙川英雄
　　　　　　　　　責任役員　戊原栄一　　責任役員　〇〇〇〇
　　　　　　　　　責任役員　〇〇〇〇　　責任役員　〇〇〇〇
1　議　　　題
　　　宗教法人□□寺を解散することについて
1　議事の経過の要領及び議案別決議の結果
　　定刻に至り、慣例により代表役員丁村博一が議長となり、責任役員の全員が出席し、規則に定める定足数を満たしたので開会を宣し、直ちに議案の審議に入った。
　　　第1号議案　当宗教法人の解散の件
　　議長は、当法人を解散することについての経緯を説明し、これを議場に諮ったところ、満場一致をもって、異議なく可決決定した。
　　　第2号議案　解散に伴う清算人選任の件
　　議長は、当法人の解散に伴い、清算人を定める必要がある旨を述べ、代表役員が清算人になることが困難であるため、責任役員である乙川英雄を清算人に選任したい旨を諮ったところ、満場異議なく同人を選任した。
　　被選任者は、即時その就任を承諾した。

　以上をもって、議案全部の審議を終了したので、議長は閉会を宣し、午前11時30分散会した。

　上記の決議を明確にするため、この議事録を作り、議長、出席責任役員がこれに記名押印する。

　　平成〇〇年〇〇月〇〇日

　　　　　　　　　宗教法人□□寺責任役員会
　　　　　　　　　　議長代表役員　　丁　村　博　一　㊞
　　　　　　　　　　出席責任役員　　乙　川　英　雄　㊞
　　　　　　　　　　　　同　　　　　戊　原　栄　一　㊞
　　　　　　　　　　　　同　　　　　〇　〇　〇　〇　㊞
　　　　　　　　　　　　同　　　　　〇　〇　〇　〇　㊞
　　　　　　　　　　　　同　　　　　〇　〇　〇　〇　㊞

（総代の同意書）

```
                    同　意　書

  宗教法人□□寺が○○の理由により解散する件につき、同意します。

    平成○○年○○月○○日

                    宗教法人□□寺
                        総代　　○　○　○　○　㊞
                        同　　　○　○　○　○　㊞
                        同　　　○　○　○　○　㊞
                        同　　　○　○　○　○　㊞
```

（包括宗教団体の承認書）

```
                    承　認　書

                        東京都中野区中野三丁目3番3号
                            宗教法人□□寺

  宗教法人□□寺が解散することを承認します。

    平成○○年○○月○○日

                    ○○県○○市○○町○丁目○番○号
                    ○○宗
                        代表役員　　○　○　○　○　㊞
```

(委任状)

```
              委　任　状

              　　　　東京都豊島区東池袋一丁目1番1号
              　　　　　　　　　　　　山　川　太　郎

    私は、上記の者を代理人に定め、下記の権限を委任する。
  1　当法人の解散及び清算人就任の登記を申請する一切の件
  1　原本還付の請求及び受領の件

    平成〇〇年〇〇月〇〇日

              　　　　東京都中野区中野三丁目3番3号
              　　　　　　　宗教法人□□寺
              　　　　　　　　　　清算人　乙　川　英　雄　㊞
```

(注) 清算人の印鑑は、清算人が登記所に提出している印鑑を押印します。

3　清算人の変更登記

Q61

清算人が変更したときの登記手続について、教えてください。

　清算人は、死亡、辞任又は解任等によって退任します。
　清算手続中に清算人が死亡又は辞任をしたため清算人を欠くに至り損害を生ずるおそれがあるときは、裁判所は、利害関係人若しくは検察官の請求により、又は職権で後任の清算人を選任することができるとされています（法49条2項）。また、宗教法人法は、宗教法人の責任役員及びその代務者は規則に別段の定めがなければ、宗教法人の解散によって退任するものとされています（同条6項）が、規則の中に責任役員は留任する旨の定めがあれば、責任役員は清算法人の事務決定機関として存続するものと解されています（宗教法制研究会編『宗教法人の法律相談』151頁（民事法情報

センター））。したがって、この場合には、責任役員会において清算人の任免をすることができるものと解されています（渡部蓊『逐条解説宗教法人法第4次改訂版』289頁（ぎょうせい））。

なお、認証の取消し、解散命令による解散の場合は、代表役員、責任役員は解散によって当然に退任するものとされています（法49条7項）。

清算人に変更が生じたときは、清算人の変更の登記をしなければなりません（法53条）。

1　登記期間

清算人に関する事項に変更を生じたときは、2週間以内に、主たる事務所の所在地において変更の登記をしなければなりません（法53条）。

2　添付書類

清算人の変更の登記申請書には、その変更を証する書面を添付しなければなりません（法63条3項）。

(1)　清算人の退任を証する書面

清算人が死亡した場合には、戸籍謄抄本、死亡診断書等が変更を証する書面に該当しますし、清算人の辞任については、辞任届が該当します。裁判所により解任された場合には、裁判所の解任決定書の謄本が該当します。

(2)　清算人の資格を証する書面

責任役員会において清算人を選任した場合には、責任役員会議事録が該当します。裁判所が選任した場合には、選任決定書を添付します。

(3)　就任承諾書

(4)　規　則

清算人の選任手続を明らかにするため、添付します。

また、法人は、清算人の氏名・住所に変更があった場合にも、その変更の登記をしなければなりません。この場合には、変更の事由を証する書面の添付は要しないとされています（法63条3項ただし書）。

申請書書式
（清算人の辞任による変更登記）

宗教法人清算人変更登記申請書

1　名　　称　　　□□寺
1　主たる事務所　東京都中野区中野三丁目3番3号
1　登記の事由　　清算人の変更
1　登記すべき事項　別添CD-Rのとおり（**注1**）
1　添付書類　　　清算人の退任を証する書面　　1通
　　　　　　　　　清算人の資格を証する書面　　1通
　　　　　　　　　清算人の就任承諾書　　　　　1通（**注2**）
　　　　　　　　　規則　　　　　　　　　　　　1通
　　　　　　　　　委任状　　　　　　　　　　　1通（**注3**）

　上記のとおり登記の申請をします。

　　平成〇〇年〇〇月〇〇日

　　　　　　　　　　東京都中野区中野三丁目3番3号
　　　　　　　　　　申請人　　　□□寺
　　　　　　　　　　東京都中野区中野三丁目3番3号
　　　　　　　　　　清算人　　戌原　栄　一　㊞（**注4**）
　　　　　　　　　　東京都豊島区東池袋一丁目1番1号
　　　　　　　　　　代理人　　山　川　太　郎　㊞（**注5**）
　　　　　　　　　　連絡先の電話番号　〇〇〇-〇〇〇-〇〇〇〇

東京法務局中野出張所　御中

（**注1**）申請書に記載すべき登記事項を磁気ディスクに記録し（法務省令で定める電磁的記録に限る。）、申請書とともに提出した場合は、当該申請書には、当該磁気ディスクに記録された事項は記載する必要はありません（法65条、商業登記法17条4項）。
（**注2**）就任承諾書は、被選任者が責任役員会の席上で就任を承諾し、その旨が議事録の記載から明らかな場合は、「就任承諾書は、責任役員会の議事録の記載を援用する。」と記載すれば、添付は必要ありません。
（**注3**）代理人に登記申請を委任した場合に添付します。
（**注4**）後任清算人の住所・氏名を記載します。清算人の印鑑は、清算人が登記所に提出する印鑑を押印します。

(**注5**) 代理人が申請する場合に記載し、代理人の印鑑を押印します。この場合には、清算人の押印は必要ありません。

(登記事項を記録した磁気ディスクを提出する場合の登記事項の記載例)

```
「役員に関する事項」
「資格」清算人
「住所」東京都江戸川区小松川一丁目1番1号
「氏名」乙川英雄
「原因年月日」平成○○年○○月○○日辞任
「役員に関する事項」
「資格」清算人
「住所」東京都中野区中野三丁目3番3号
「氏名」戊原栄一
「原因年月日」平成○○年○○月○○日就任
```

(辞任届)

辞 任 届

　私は、この度、一身上の都合により、平成○○年○○月○○日をもって、貴宗教法人の清算人を辞任したく、お届けします。

　平成○○年○○月○○日

東京都江戸川区小松川一丁目1番1号
乙　川　英　雄　㊞

宗教法人□□寺　御中

（責任役員会議事録）

責任役員会議事録

1 日　　　　時　　平成〇〇年〇〇月〇〇日午前10時30分
1 場　　　　所　　当法人会議室
1 責任役員定数　　6名
1 出　　席　　者　　責任役員　丁村博一　　責任役員　乙川英雄
　　　　　　　　　　責任役員　戊原栄一　　責任役員　〇〇〇〇
　　　　　　　　　　責任役員　〇〇〇〇　　責任役員　〇〇〇〇
1 議　　　　題
　　清算人乙川英雄の辞任に伴う清算人の選任について
1 議事の経過の要領及びその結果
　　定刻に至り、慣例により責任役員丁村博一が議長となり、責任役員の全員が出席し、定足数を満たしたので開会を宣し、直ちに議案の審議に入った。
　　　議案　清算人選任の件
　　議長は、清算人乙川英雄が清算人を辞任したので、その後任者を選任する必要があることを述べ、議場に諮ったところ、満場一致をもって、次の者が清算人に選任され、被選任者は即時その就任を承諾した。
　　　清算人　　戊原栄一

　以上をもって、議案の審議を終了したので、議長は閉会を宣し、午前11時30分散会した。

　上記の決議を明確にするため、この議事録を作り、議長及び出席責任役員がこれに記名押印する。

　平成〇〇年〇〇月〇〇日

　　　　　　　　宗教法人□□寺責任役員会
　　　　　　　　　議長責任役員　　丁　村　博　一　㊞
　　　　　　　　　出席責任役員　　乙　川　英　雄　㊞
　　　　　　　　　　　同　　　　　戊　原　栄　一　㊞
　　　　　　　　　　　同　　　　　〇　〇　〇　〇　㊞
　　　　　　　　　　　同　　　　　〇　〇　〇　〇　㊞
　　　　　　　　　　　同　　　　　〇　〇　〇　〇　㊞

（就任承諾書）

就 任 承 諾 書

　私は、平成○○年○○月○○日開催の貴宗教法人の責任役員会において、清算人に選任されたので、その就任を承諾します。

　平成○○年○○月○○日

　　　　　　　　　　　　　　東京都中野区中野三丁目3番3号
　　　　　　　　　　　　　　　戊　原　栄　一　㊞

宗教法人□□寺　御中

（委任状）

委　任　状

　　　　　　　　　　　　　東京都豊島区東池袋一丁目1番1号
　　　　　　　　　　　　　　　山　川　太　郎

　私は、上記の者を代理人に定め、下記の権限を委任する。

1　当宗教法人の清算人の変更の登記を申請する一切の件
1　原本還付の請求及び受領の件

　平成○○年○○月○○日

　　　　　　　　　　　　　東京都中野区中野三丁目3番3号
　　　　　　　　　　　　　　宗教法人□□寺
　　　　　　　　　　　　　　　清算人　　戊　原　栄　一　㊞

（注）清算人の印鑑は、清算人が登記所に提出している印鑑を押印します。

Q62 清算結了の登記手続について、説明してください。

1 清算事務の結了

清算人は、その就職の日から2か月以内に、少なくとも3回の官報公告をもって、債権者に対し、2か月を下らない一定の期間内にその債権を申し出るべき旨を公告し、かつ、知れている債権者には、各別にその申出の催告をしなければならないとされています（法49条の3第1項・3項・4項）。なお、この公告には、債権者が期間内に申出をしなかった場合は、その債権は清算から除斥されるべき旨を付記しなければなりません（同条2項）。

清算人は、債権の取立て及び債務の弁済等財産の整理を行った後、最終的に残余財産があった場合には、これの分配を行います。分配方法は、①規則に定めがある場合は、その定めに従いますが、②その定めがない場合には、他の宗教団体又は公益事業のために処分することができるとされています。①、②で処分されなかった財産は、国庫に帰属します（法50条）。

2 登記の手続

(1) 登記期間

清算が結了したときは、清算人は、清算結了の日から、主たる事務所の所在地においては2週間以内に、従たる事務所の所在地においては3週間以内に、清算結了の登記をしなければなりません（法58条、61条）。

清算結了の登記をしたときは、登記官は、登記記録を閉鎖しなければならないとされています（各種法人等登記規則5条、商業登記規則80条1項5号・2項）。

(2) 登記すべき事項

登記すべき事項は、清算結了の旨及びその年月日です。

(3) 添付書類

添付書類については、法令に規定がないので、代理人によって申請する場合のその権限を証する書面のほか、何ら添付を要しません。

第10章　解散・清算等に関する登記

　なお、従たる事務所の所在地において登記をするときは、主たる事務所の所在地において登記したことを証する登記事項証明書を添付します。

申請書書式
（清算結了の登記―主たる事務所の所在地における登記申請と従たる事務所の所在地においてする登記の一括申請）

宗教法人清算結了登記申請書

1　名　　　称　　　□□寺
1　主たる事務所　　東京都中野区中野三丁目3番3号
1　従たる事務所　　東京都府中市中央一丁目1番1号
　　　　　　　　　　管轄登記所　東京法務局府中支局（注1）
1　登記の事由　　　清算結了
1　登記すべき事項　平成〇〇年〇〇月〇〇日清算結了
1　登記手数料　　　金300円（注2）
　　　　　　　　　　従たる事務所所在地登記所数　　1庁
1　添付書類　　　　委任状　　　　　　　　　　1通（注3）

　上記のとおり登記の申請をします。

　　平成〇〇年〇〇月〇〇日

　　　　　　　　　東京都中野区中野三丁目3番3号
　　　　　　　　　申請人　　□□寺
　　　　　　　　　東京都中野区中野三丁目3番3号
　　　　　　　　　清算人　　戌原　栄一　㊞（注4）
　　　　　　　　　東京都豊島区東池袋一丁目1番1号
　　　　　　　　　代理人　　山川　太郎　㊞（注5）
　　　　　　　　　連絡先の電話番号　〇〇〇－〇〇〇－〇〇〇〇

東京法務局中野出張所　御中

（注1）本例は、従たる事務所の所在地においてする登記を、従たる事務所の所在地においてする登記の申請と主たる事務所の所在地においてする登記の一括申請をする場合です。この場合、従たる事務所の所在地においてする登記の申請と主たる事務所の所在地においてする登記の申請とは、同一の書面をもって同時に一括して申請しなければなりません。従たる事務所の所在地においてする登記の申請には、何ら書面の添付は必要ありません（法65条、商業登記法49条1項・3項～5項、各種法人等登記規則5条、商業登記規則63条1項）。
（注2）従たる事務所の所在地においてする登記の申請と主たる事務所の所在地

においてする登記の一括申請は、1件につき300円の手数料を収入印紙で納付します（登記手数料令12条）。
- **（注3）** 代理人に登記申請を委任した場合に添付します。
- **（注4）** 清算人の印鑑は、清算人が登記所に提出した印鑑を押印します。
- **（注5）** 代理人が申請する場合に記載し、代理人の印鑑を押印します。この場合には、清算人の押印は必要ありません。

参考資料

○ 宗教法人法 ……………………………………………………… 244

○ 宗教法人法（昭和26年4月3日法律第126号）

最終改正：平成23年6月24日法律第74号

第1章 総則
（この法律の目的）
第1条　この法律は、宗教団体が、礼拝の施設その他の財産を所有し、これを維持運用し、その他その目的達成のための業務及び事業を運営することに資するため、宗教団体に法律上の能力を与えることを目的とする。

2　憲法で保障された信教の自由は、すべての国政において尊重されなければならない。従つて、この法律のいかなる規定も、個人、集団又は団体が、その保障された自由に基いて、教義をひろめ、儀式行事を行い、その他宗教上の行為を行うことを制限するものと解釈してはならない。

（宗教団体の定義）
第2条　この法律において「宗教団体」とは、宗教の教義をひろめ、儀式行事を行い、及び信者を教化育成することを主たる目的とする左に掲げる団体をいう。
一　礼拝の施設を備える神社、寺院、教会、修道院その他これらに類する団体
二　前号に掲げる団体を包括する教派、宗派、教団、教会、修道会、司教区その他これらに類する団体

（境内建物及び境内地の定義）
第3条　この法律において「境内建物」とは、第1号に掲げるような宗教法人の前条に規定する目的のために必要な当該宗教法人に固有の建物及び工作物をいい、「境内地」とは、第2号から第7号までに掲げるような宗教法人の同条に規定する目的のために必要な当該宗教法人に固有の土地をいう。
一　本殿、拝殿、本堂、会堂、僧堂、僧院、信者修行所、社務所、庫裏、教職舎、宗務庁、教務院、教団事務所その他宗教法人の前条に規定する目的のために供される建物及び工作物（附属の建物及び工作物を含む。）
二　前号に掲げる建物又は工作物が存する一画の土地（立木竹その他建物及び工作物以外の定着物を含む。以下この条において同じ。）
三　参道として用いられる土地
四　宗教上の儀式行事を行うために用いられる土地（神せん田、仏供田、修道耕牧地等を含む。）
五　庭園、山林その他尊厳又は風致を保持するために用いられる土地
六　歴史、古記等によつて密接な縁故がある土地
七　前各号に掲げる建物、工作物又

は土地の災害を防止するために用いられる土地

（法人格）

第4条　宗教団体は、この法律により、法人となることができる。

2　この法律において「宗教法人」とは、この法律により法人となつた宗教団体をいう。

（所轄庁）

第5条　宗教法人の所轄庁は、その主たる事務所の所在地を管轄する都道府県知事とする。

2　次に掲げる宗教法人にあつては、その所轄庁は、前項の規定にかかわらず、文部科学大臣とする。

　一　他の都道府県内に境内建物を備える宗教法人

　二　前号に掲げる宗教法人以外の宗教法人であつて同号に掲げる宗教法人を包括するもの

　三　前二号に掲げるもののほか、他の都道府県内にある宗教法人を包括する宗教法人

（公益事業その他の事業）

第6条　宗教法人は、公益事業を行うことができる。

2　宗教法人は、その目的に反しない限り、公益事業以外の事業を行うことができる。この場合において、収益を生じたときは、これを当該宗教法人、当該宗教法人を包括する宗教団体又は当該宗教法人が援助する宗教法人若しくは公益事業のために使用しなければならない。

（宗教法人の住所）

第7条　宗教法人の住所は、その主たる事務所の所在地にあるものとする。

（登記の効力）

第8条　宗教法人は、第7章第1節の規定により登記しなければならない事項については、登記に因り効力を生ずる事項を除く外、登記の後でなければ、これをもつて第三者に対抗することができない。

（登記に関する届出）

第9条　宗教法人は、第7章の規定による登記（所轄庁の嘱託によつてする登記を除く。）をしたときは、遅滞なく、登記事項証明書を添えて、その旨を所轄庁に届け出なければならない。

（宗教法人の能力）

第10条　宗教法人は、法令の規定に従い、規則で定める目的の範囲内において、権利を有し、義務を負う。

（宗教法人の責任）

第11条　宗教法人は、代表役員その他の代表者がその職務を行うにつき第三者に加えた損害を賠償する責任を負う。

2　宗教法人の目的の範囲外の行為に因り第三者に損害を加えたときは、その行為をした代表役員その他の代表者及びその事項の決議に賛成した責任役員、その代務者又は仮責任役員は、連帯してその損害を賠償する責任を負う。

第2章 設　立

（設立の手続）

第12条　宗教法人を設立しようとする者は、左に掲げる事項を記載した規則を作成し、その規則について所轄庁の認証を受けなければならない。

一　目的
二　名称
三　事務所の所在地
四　設立しようとする宗教法人を包括する宗教団体がある場合には、その名称及び宗教法人非宗教法人の別
五　代表役員、責任役員、代務者、仮代表役員及び仮責任役員の呼称、資格及び任免並びに代表役員についてはその任期及び職務権限、責任役員についてはその員数、任期及び職務権限、代務者についてはその職務権限に関する事項
六　前号に掲げるものの外、議決、諮問、監査その他の機関がある場合には、その機関に関する事項
七　第6条の規定による事業を行う場合には、その種類及び管理運営（同条第2項の規定による事業を行う場合には、収益処分の方法を含む。）に関する事項
八　基本財産、宝物その他の財産の設定、管理及び処分（第23条但書の規定の適用を受ける場合に関する事項を定めた場合には、その事項を含む。）、予算、決算及び会計その他の財務に関する事項
九　規則の変更に関する事項
十　解散の事由、清算人の選任及び残余財産の帰属に関する事項を定めた場合には、その事項
十一　公告の方法
十二　第5号から前号までに掲げる事項について、他の宗教団体を制約し、又は他の宗教団体によって制約される事項を定めた場合には、その事項
十三　前各号に掲げる事項に関連する事項を定めた場合には、その事項

2　宗教法人の公告は、新聞紙又は当該宗教法人の機関紙に掲載し、当該宗教法人の事務所の掲示場に掲示し、その他当該宗教法人の信者その他の利害関係人に周知させるに適当な方法でするものとする。

3　宗教法人を設立しようとする者は、第13条の規定による認証申請の少くとも1月前に、信者その他の利害関係人に対し、規則の案の要旨を示して宗教法人を設立しようとする旨を前項に規定する方法により公告しなければならない。

（規則の認証の申請）

第13条　前条第1項の規定による認証を受けようとする者は、認証申請書及び規則2通に左に掲げる書類を添えて、これを所轄庁に提出し、その認証を申請しなければならない。

一　当該団体が宗教団体であること

宗教法人法

を証する書類
二　前条第3項の規定による公告を
　　したことを証する書類
三　認証の申請人が当該団体を代表
　　する権限を有することを証する書
　　類
四　代表役員及び定数の過半数に当
　　る責任役員に就任を予定されてい
　　る者の受諾書

（規則の認証）

第14条　所轄庁は、前条の規定による認証の申請を受理した場合においては、その受理の日を附記した書面でその旨を当該申請者に通知した後、当該申請に係る事案が左に掲げる要件を備えているかどうかを審査し、これらの要件を備えていると認めたときはその規則を認証する旨の決定をし、これらの要件を備えていないと認めたとき又はその受理した規則及びその添附書類の記載によつてはこれらの要件を備えているかどうかを確認することができないときはその規則を認証することができない旨の決定をしなければならない。
一　当該団体が宗教団体であること。
二　当該規則がこの法律その他の法令の規定に適合していること。
三　当該設立の手続が第12条の規定に従つてなされていること。
2　所轄庁は、前項の規定によりその規則を認証することができない旨の決定をしようとするときは、あらかじめ当該申請者に対し、相当の期間内に自ら又はその代理人を通じて意見を述べる機会を与えなければならない。
3　第1項の場合において、所轄庁が文部科学大臣であるときは、当該所轄庁は、同項の規定によりその規則を認証することができない旨の決定をしようとするときは、あらかじめ宗教法人審議会に諮問してその意見を聞かなければならない。
4　所轄庁は、前条の規定による認証の申請を受理した場合においては、その申請を受理した日から3月以内に、第1項の規定による認証に関する決定をし、且つ、認証する旨の決定をしたときは当該申請者に対し認証書及び認証した旨を附記した規則を交付し、認証することができない旨の決定をしたときは当該申請者に対しその理由を附記した書面でその旨を通知しなければならない。
5　所轄庁は、第1項の規定による認証に関する決定をするに当り、当該申請者に対し第12条第1項各号に掲げる事項以外の事項を規則に記載することを要求してはならない。

（成立の時期）

第15条　宗教法人は、その主たる事務所の所在地において設立の登記をすることに因つて成立する。

第16条　削除

第17条　削除

第3章　管　理
（代表役員及び責任役員）

第18条　宗教法人には、３人以上の責任役員を置き、そのうち１人を代表役員とする。

2　代表役員は、規則に別段の定がなければ、責任役員の互選によつて定める。

3　代表役員は、宗教法人を代表し、その事務を総理する。

4　責任役員は、規則で定めるところにより、宗教法人の事務を決定する。

5　代表役員及び責任役員は、常に法令、規則及び当該宗教法人を包括する宗教団体が当該宗教法人と協議して定めた規程がある場合にはその規程に従い、更にこれらの法令、規則又は規程に違反しない限り、宗教上の規約、規律、慣習及び伝統を十分に考慮して、当該宗教法人の業務及び事業の適切な運営をはかり、その保護管理する財産については、いやしくもこれを他の目的に使用し、又は濫用しないようにしなければならない。

6　代表役員及び責任役員の宗教法人の事務に関する権限は、当該役員の宗教上の機能に対するいかなる支配権その他の権限も含むものではない。

（事務の決定）

第19条　規則に別段の定がなければ、宗教法人の事務は、責任役員の定数の過半数で決し、その責任役員の議決権は、各々平等とする。

（代務者）

第20条　左の各号の一に該当するときは、規則で定めるところにより、代務者を置かなければならない。

一　代表役員又は責任役員が死亡その他の事由に因つて欠けた場合において、すみやかにその後任者を選ぶことができないとき。

二　代表役員又は責任役員が病気その他の事由に因つて３月以上その職務を行うことができないとき。

2　代務者は、規則で定めるところにより、代表役員又は責任役員に代つてその職務を行う。

（仮代表役員及び仮責任役員）

第21条　代表役員は、宗教法人と利益が相反する事項については、代表権を有しない。この場合においては、規則で定めるところにより、仮代表役員を選ばなければならない。

2　責任役員は、その責任役員と特別の利害関係がある事項については、議決権を有しない。この場合において、規則に別段の定がなければ、議決権を有する責任役員の員数が責任役員の定数の過半数に満たないこととなつたときは、規則で定めるところにより、その過半数に達するまでの員数以上の仮責任役員を選ばなければならない。

3　仮代表役員は、第１項に規定する事項について当該代表役員に代つて

その職務を行い、仮責任役員は、前項に規定する事項について、規則で定めるところにより、当該責任役員に代つてその職務を行う。

（役員の欠格）

第22条　次の各号のいずれかに該当する者は、代表役員、責任役員、代務者、仮代表役員又は仮責任役員となることができない。

一　未成年者

二　成年被後見人又は被保佐人

三　禁錮以上の刑に処せられ、その執行を終わるまで又は執行を受けることがなくなるまでの者

（財産処分等の公告）

第23条　宗教法人（宗教団体を包括する宗教法人を除く。）は、左に掲げる行為をしようとするときは、規則で定めるところ（規則に別段の定がないときは、第19条の規定）による外、その行為の少くとも1月前に、信者その他の利害関係人に対し、その行為の要旨を示してその旨を公告しなければならない。但し、第3号から第5号までに掲げる行為が緊急の必要に基くものであり、又は軽微のものである場合及び第5号に掲げる行為が一時の期間に係るものである場合は、この限りでない。

一　不動産又は財産目録に掲げる宝物を処分し、又は担保に供すること。

二　借入（当該会計年度内の収入で償還する一時の借入を除く。）又は保証をすること。

三　主要な境内建物の新築、改築、増築、移築、除却又は著しい模様替をすること。

四　境内地の著しい模様替をすること。

五　主要な境内建物の用途若しくは境内地の用途を変更し、又はこれらを当該宗教法人の第2条に規定する目的以外の目的のために供すること。

（行為の無効）

第24条　宗教法人の境内建物若しくは境内地である不動産又は財産目録に掲げる宝物について、前条の規定に違反してした行為は、無効とする。但し、善意の相手方又は第三者に対しては、その無効をもつて対抗することができない。

（財産目録等の作成、備付け、閲覧及び提出）

第25条　宗教法人は、その設立（合併に因る設立を含む。）の時に財産目録を、毎会計年度終了後3月以内に財産目録及び収支計算書を作成しなければならない。

2　宗教法人の事務所には、常に次に掲げる書類及び帳簿を備えなければならない。

一　規則及び認証書

二　役員名簿

三　財産目録及び収支計算書並びに貸借対照表を作成している場合には貸借対照表

四　境内建物（財産目録に記載されているものを除く。）に関する書類
　五　責任役員その他規則で定める機関の議事に関する書類及び事務処理簿
　六　第6条の規定による事業を行う場合には、その事業に関する書類

3　宗教法人は、信者その他の利害関係人であつて前項の規定により当該宗教法人の事務所に備えられた同項各号に掲げる書類又は帳簿を閲覧することについて正当な利益があり、かつ、その閲覧の請求が不当な目的によるものでないと認められる者から請求があつたときは、これを閲覧させなければならない。

4　宗教法人は、毎会計年度終了後4月以内に、第2項の規定により当該宗教法人の事務所に備えられた同項第2号から第4号まで及び第6号に掲げる書類の写しを所轄庁に提出しなければならない。

5　所轄庁は、前項の規定により提出された書類を取り扱う場合においては、宗教法人の宗教上の特性及び慣習を尊重し、信教の自由を妨げることがないように特に留意しなければならない。

第4章　規則の変更

（規則の変更の手続）

第26条　宗教法人は、規則を変更しようとするときは、規則で定めるところによりその変更のための手続をし、その規則の変更について所轄庁の認証を受けなければならない。この場合において、宗教法人が当該宗教法人を包括する宗教団体との関係（以下「被包括関係」という。）を廃止しようとするときは、当該関係の廃止に係る規則の変更に関し当該宗教法人の規則中に当該宗教法人を包括する宗教団体が一定の権限を有する旨の定がある場合でも、その権限に関する規則の規定によることを要しないものとする。

2　宗教法人は、被包括関係の設定又は廃止に係る規則の変更をしようとするときは、第27条の規定による認証申請の少くとも2月前に、信者その他の利害関係人に対し、当該規則の変更の案の要旨を示してその旨を公告しなければならない。

3　宗教法人は、被包括関係の設定又は廃止に係る規則の変更をしようとするときは、当該関係を設定しようとする場合には第27条の規定による認証申請前に当該関係を設定しようとする宗教団体の承認を受け、当該関係を廃止しようとする場合には前項の規定による公告と同時に当該関係を廃止しようとする宗教団体に対しその旨を通知しなければならない。

4　宗教団体は、その包括する宗教法人の当該宗教団体との被包括関係の廃止に係る規則の変更の手続が前三

項の規定に違反すると認めたときは、その旨をその包括する宗教法人の所轄庁及び文部科学大臣に通知することができる。

(規則の変更の認証の申請)
第27条　宗教法人は、前条第1項の規定による認証を受けようとするときは、認証申請書及びその変更しようとする事項を示す書類2通に左に掲げる書類を添えて、これを所轄庁に提出し、その認証を申請しなければならない。
一　規則の変更の決定について規則で定める手続を経たことを証する書類
二　規則の変更が被包括関係の設定に係る場合には、前条第2項の規定による公告をし、及び同条第3項の規定による承認を受けたことを証する書類
三　規則の変更が被包括関係の廃止に係る場合には、前条第2項の規定による公告及び同条第3項の規定による通知をしたことを証する書類

(規則の変更の認証)
第28条　所轄庁は、前条の規定による認証の申請を受理した場合においては、その受理の日を附記した書面でその旨を当該宗教法人に通知した後、当該申請に係る事案が左に掲げる要件を備えているかどうかを審査し、第14条第1項の規定に準じ当該規則の変更の認証に関する決定をしなければならない。
一　その変更しようとする事項がこの法律その他の法令の規定に適合していること。
二　その変更の手続が第26条の規定に従つてなされていること。
2　第14条第2項から第5項までの規定は、前項の規定による認証に関する決定の場合に準用する。この場合において、同条第4項中「認証した旨を附記した規則」とあるのは、「認証した旨を附記した変更しようとする事項を示す書類」と読み替えるものとする。

第29条　削除

(規則の変更の時期)
第30条　宗教法人の規則の変更は、当該規則の変更に関する認証書の交付に因つてその効力を生ずる。

(合併に伴う場合の特例)
第31条　合併に伴い合併後存続する宗教法人が規則を変更する場合においては、当該規則の変更に関しては、この章の規定にかかわらず、第5章の定めるところによる。

第5章　合　併

(合併)
第32条　二以上の宗教法人は、合併して一の宗教法人となることができる。

(合併の手続)
第33条　宗教法人は、合併しようとするときは、第34条から第37条まで

の規定による手続をした後、その合併について所轄庁の認証を受けなければならない。

第34条　宗教法人は、合併しようとするときは、規則で定めるところ（規則に別段の定がないときは、第19条の規定）による外、信者その他の利害関係人に対し、合併契約の案の要旨を示してその旨を公告しなければならない。

2　合併しようとする宗教法人は、前項の規定による公告をした日から2週間以内に、財産目録及び第6条の規定による事業を行う場合にはその事業に係る貸借対照表を作成しなければならない。

3　合併しようとする宗教法人は、前項の期間内に、その債権者に対し合併に異議があればその公告の日から2月を下らない一定の期間内にこれを申し述べるべき旨を公告し、且つ、知れている債権者には各別に催告しなければならない。

4　合併しようとする宗教法人は、債権者が前項の期間内に異議を申し述べたときは、これに弁済をし、若しくは相当の担保を供し、又はその債権者に弁済を受けさせることを目的として信託会社若しくは信託業務を営む金融機関に相当の財産を信託しなければならない。ただし、合併をしてもその債権者を害するおそれがないときは、この限りでない。

第35条　合併に因つて一の宗教法人が存続し他の宗教法人が解散しようとする場合において、当該合併に伴い規則の変更を必要とするときは、その合併後存続しようとする宗教法人は、規則で定めるところにより、その変更のための手続をしなければならない。

2　合併に因つて宗教法人を設立しようとする場合においては、その合併しようとする各宗教法人が選任した者は、共同して第12条第1項及び第2項の規定に準じ規則を作成しなければならない。

3　前項に規定する各宗教法人が選任した者は、第38条第1項の規定による認証申請の少くとも2月前に、信者その他の利害関係人に対し、前項の規定により作成した規則の案の要旨を示して合併に因つて宗教法人を設立しようとする旨を第12条第2項に規定する方法により公告しなければならない。

第36条　第26条第1項後段及び第2項から第4項までの規定は、合併しようとする宗教法人が当該合併に伴い被包括関係を設定し、又は廃止しようとする場合に準用する。この場合において、左の各号に掲げる同条各項中の字句は、当該各号に掲げる字句に読み替えるものとする。

一　第1項後段中「当該関係の廃止に係る規則の変更」とあるのは「当該関係の廃止に係る規則の変更その他当該関係の廃止」

二　第2項中「第27条」とあるのは「第38条第1項」、「当該規則の変更の案」とあるのは「被包括関係の設定又は廃止に関する事項」

三　第3項中「第27条」とあるのは「第38条第1項」、「前項」とあるのは「第34条第1項」

四　第4項中「被包括関係の廃止に係る規則の変更の手続」とあるのは「被包括関係の廃止を伴う合併の手続」、「前三項」とあるのは「第34条から第37条まで」

第37条　合併に伴い第35条第3項又は前条において準用する第26条第2項の規定による公告をしなければならない場合においては、当該公告は、第34条第1項の規定による公告とあわせてすることを妨げない。この場合において、第35条第3項の規定による公告を他の公告とあわせてするときは、合併しようとする宗教法人と同項に規定する各宗教法人が選任した者とが共同して当該公告をするものとする。

（合併の認証の申請）

第38条　宗教法人は、第34条の規定による認証を受けようとするときは、認証申請書及び第35条第1項の規定に該当する場合にはその変更しようとする事項を示す書類2通に、同条第2項の規定に該当する場合にはその規則2通に、左に掲げる書類を添えて、これを所轄庁に提出し、その認証を申請しなければならない。

一　合併の決定について規則で定める手続（規則に別段の定がないときは、第19条の規定による手続）を経たことを証する書類

二　第34条第1項の規定による公告をしたことを証する書類

三　第34条第2項から第4項までの規定による手続を経たことを証する書類

四　第35条第1項又は第2項の規定に該当する場合には、同条第1項又は第2項の規定による手続を経たことを証する書類

五　第35条第2項の規定に該当する場合には、合併後成立する団体が宗教団体であることを証する書類

六　第35条第3項又は第36条において準用する第26条第2項の規定による公告をしなければならない場合には、当該公告をしたことを証する書類

七　合併に伴い被包括関係を設定し、又は廃止しようとする場合には、第36条において準用する第26条第3項の規定による承認を受け、又は同項の規定による通知をしたことを証する書類

2　前項の規定による認証の申請は、合併しようとする各宗教法人の連名でするものとし、これらの宗教法人の所轄庁が異なる場合には、合併後

(合併の認証)

第39条 所轄庁は、前条第1項の規定による認証の申請を受理した場合においては、その受理の日を附記した書面でその旨を当該宗教法人に通知した後、当該申請に係る事案が左に掲げる要件を備えているかどうかを審査し、第14条第1項の規定に準じ当該合併の認証に関する決定をしなければならない。

一 当該合併の手続が第34条から第37条までの規定に従つてなされていること。

二 当該合併が第35条第1項又は第2項の規定に該当する場合には、それぞれその変更しようとする事項又は規則がこの法律その他の法令の規定に適合していること。

三 当該合併が第35条第2項の規定に該当する場合には、当該合併後成立する団体が宗教団体であること。

2 第14条第2項から第5項までの規定は、前項の規定による認証に関する決定の場合に準用する。この場合において、同条第4項中「認証した旨を附記した規則」とあるのは、「当該合併が第35条第1項又は第2項の規定に該当する場合には認証した旨を附記した変更しようとする事項を示す書類又は規則」と読み替えるものとする。

3 第1項又は前項において準用する第14条第4項の規定による宗教法人に対する所轄庁の通知及び認証書等の交付は、当該認証を申請した宗教法人のうちの一に対してすれば足りる。

第40条 削除

(合併の時期)

第41条 宗教法人の合併は、合併後存続する宗教法人又は合併によつて設立する宗教法人がその主たる事務所の所在地において第56条の規定による登記をすることによつてその効力を生ずる。

(合併の効果)

第42条 合併後存続する宗教法人又は合併に因つて設立した宗教法人は、合併に因つて解散した宗教法人の権利義務（当該宗教法人が第6条の規定により行う事業に関し行政庁の許可、認可その他の処分に基いて有する権利義務を含む。）を承継する。

第6章 解散

(解散の事由)

第43条 宗教法人は、任意に解散することができる。

2 宗教法人は、前項の場合のほか、次に掲げる事由によつて解散する。

一 規則で定める解散事由の発生

二 合併（合併後存続する宗教法人

における当該合併を除く。）
　三　破産手続開始の決定
　四　第80条第1項の規定による所轄庁の認証の取消し
　五　第81条第1項の規定による裁判所の解散命令
　六　宗教団体を包括する宗教法人にあつては、その包括する宗教団体の欠亡
3　宗教法人は、前項第3号に掲げる事由に因つて解散したときは、遅滞なくその旨を所轄庁に届け出なければならない。

（任意解散の手続）
第44条　宗教法人は、前条第1項の規定による解散をしようとするときは、第2項及び第3項の規定による手続をした後、その解散について所轄庁の認証を受けなければならない。
2　宗教法人は、前条第1項の規定による解散をしようとするときは、規則で定めるところ（規則に別段の定がないときは、第19条の規定）による外、信者その他の利害関係人に対し、解散に意見があればその公告の日から2月を下らない一定の期間内にこれを申し述べるべき旨を公告しなければならない。
3　宗教法人は、信者その他の利害関係人が前項の期間内にその意見を申し述べたときは、その意見を十分に考慮して、その解散の手続を進めるかどうかについて再検討しなければ

ならない。

（任意解散の認証の申請）
第45条　宗教法人は、前条第1項の規定による認証を受けようとするときは、認証申請書に左に掲げる書類を添えて、これを所轄庁に提出し、その認証を申請しなければならない。
　一　解散の決定について規則で定める手続（規則に別段の定がないときは、第19条の規定による手続）を経たことを証する書類
　二　前条第2項の規定による公告をしたことを証する書類

（任意解散の認証）
第46条　所轄庁は、前条の規定による認証の申請を受理した場合においては、その受理の日を附記した書面でその旨を当該宗教法人に通知した後、当該申請に係る解散の手続が第44条の規定に従つてなされているかどうかを審査し、第14条第1項の規定に準じ当該解散の認証に関する決定をしなければならない。
2　第14条第2項から第4項までの規定は、前項の規定による認証に関する決定の場合に準用する。この場合において、同条第4項中「認証書及び認証した旨を附記した規則」とあるのは、「認証書」と読み替えるものとする。

（任意解散の時期）
第47条　宗教法人の第43条第1項の規定による解散は、当該解散に関する認証書の交付によつてその効力を

生ずる。

（破産手続の開始）

第48条　宗教法人がその債務につきその財産をもって完済することができなくなつた場合には、裁判所は、代表役員若しくはその代務者若しくは債権者の申立てにより又は職権で、破産手続開始の決定をする。

2　前項に規定する場合には、代表役員又はその代務者は、直ちに破産手続開始の申立てをしなければならない。

（清算中の宗教法人の能力）

第48条の2　解散した宗教法人は、清算の目的の範囲内において、その清算の結了に至るまではなお存続するものとみなす。

（清算人）

第49条　宗教法人が解散（合併及び破産手続開始の決定による解散を除く。）したときは、規則に別段の定めがある場合及び解散に際し代表役員又はその代務者以外の者を清算人に選任した場合を除くほか、代表役員又はその代務者が清算人となる。

2　前項の規定により清算人となる者がないとき、又は清算人が欠けたため損害を生ずるおそれがあるときは、裁判所は、利害関係人若しくは検察官の請求により又は職権で、清算人を選任することができる。

3　宗教法人が第43条第2項第4号又は第5号に掲げる事由によつて解散したときは、裁判所は、前二項の規定にかかわらず、所轄庁、利害関係人若しくは検察官の請求により又は職権で、清算人を選任する。

4　第22条の規定は、宗教法人の清算人に準用する。

5　重要な事由があるときは、裁判所は、利害関係人若しくは検察官の請求により又は職権で、清算人を解任することができる。

6　宗教法人の責任役員及びその代務者は、規則に別段の定めがなければ、宗教法人の解散によつて退任するものとする。宗教法人の代表役員又はその代務者で清算人とならなかつたものについても、また同様とする。

7　第3項の規定に該当するときは、宗教法人の代表役員、責任役員及び代務者は、前項の規定にかかわらず、当該解散によつて退任するものとする。

（清算人の職務及び権限）

第49条の2　清算人の職務は、次のとおりとする。

一　現務の結了
二　債権の取立て及び債務の弁済
三　残余財産の引渡し

2　清算人は、前項各号に掲げる職務を行うために必要な一切の行為をすることができる。

（債権の申出の催告等）

第49条の3　清算人は、その就職の日から2月以内に、少なくとも3回の公告をもって、債権者に対し、一定

の期間内にその債権の申出をすべき旨の催告をしなければならない。この場合において、その期間は、２月を下ることができない。
2　前項の公告には、債権者がその期間内に申出をしないときは清算から除斥されるべき旨を付記しなければならない。ただし、清算人は、知れている債権者を除斥することができない。
3　清算人は、知れている債権者には、各別にその申出の催告をしなければならない。
4　第１項の公告は、官報に掲載してする。

（期間経過後の債権の申出）

第49条の４　前条第１項の期間の経過後に申出をした債権者は、宗教法人の債務が完済された後まだ権利の帰属すべき者に引き渡されていない財産に対してのみ、請求をすることができる。

（清算中の宗教法人についての破産手続の開始）

第49条の５　清算中に宗教法人の財産がその債務を完済するのに足りないことが明らかになつたときは、清算人は、直ちに破産手続開始の申立てをし、その旨を公告しなければならない。
2　清算人は、清算中の宗教法人が破産手続開始の決定を受けた場合において、破産管財人にその事務を引き継いだときは、その任務を終了したものとする。
3　前項に規定する場合において、清算中の宗教法人が既に債権者に支払い、又は権利の帰属すべき者に引き渡したものがあるときは、破産管財人は、これを取り戻すことができる。
4　第１項の規定による公告は、官報に掲載してする。

（裁判所の選任する清算人の報酬）

第49条の６　裁判所は、第49条第２項又は第３項の規定により清算人を選任した場合には、宗教法人が当該清算人に対して支払う報酬の額を定めることができる。この場合においては、裁判所は、当該清算人（当該宗教法人の規則で当該宗教法人の財産の状況及び役員の職務の執行の状況を監査する機関を置く旨が定められているときは、当該清算人及び当該監査の機関）の陳述を聴かなければならない。

（残余財産の処分）

第50条　解散した宗教法人の残余財産の処分は、合併及び破産手続開始の決定による解散の場合を除くほか、規則で定めるところによる。
2　前項の場合において、規則にその定がないときは、他の宗教団体又は公益事業のためにその財産を処分することができる。
3　前二項の規定により処分されない財産は、国庫に帰属する。

（裁判所による監督）

第51条　宗教法人の解散及び清算は、裁判所の監督に属する。
2　裁判所は、職権で、いつでも前項の監督に必要な検査をすることができる。
3　裁判所は、第1項の監督に必要な調査をさせるため、検査役を選任することができる。
4　第49条の6の規定は、前項の規定により裁判所が検査役を選任した場合に準用する。この場合において、同条中「清算人（当該宗教法人の規則で当該宗教法人の財産の状況及び役員の職務の執行の状況を監査する機関を置く旨が定められているときは、当該清算人及び当該監査の機関）」とあるのは、「宗教法人及び検査役」と読み替えるものとする。
5　宗教法人の解散及び清算を監督する裁判所は、所轄庁に対し、意見を求め、又は調査を嘱託することができる。
6　前項に規定する所轄庁は、同項に規定する裁判所に対し、意見を述べることができる。

（解散及び清算の監督等に関する事件の管轄）
第51条の2　宗教法人の解散及び清算の監督並びに清算人に関する事件は、その主たる事務所の所在地を管轄する地方裁判所の管轄に属する。

第51条の3　削除

（不服申立ての制限）
第51条の4　清算人又は検査役の選任の裁判に対しては、不服を申し立てることができない。

第7章　登　記
第1節　宗教法人の登記
（設立の登記）
第52条　宗教法人の設立の登記は、規則の認証書の交付を受けた日から2週間以内に、主たる事務所の所在地においてしなければならない。
2　設立の登記においては、次に掲げる事項を登記しなければならない。
　一　目的（第6条の規定による事業を行う場合には、その事業の種類を含む。）
　二　名称
　三　事務所の所在場所
　四　当該宗教法人を包括する宗教団体がある場合には、その名称及び宗教法人非宗教法人の別
　五　基本財産がある場合には、その総額
　六　代表権を有する者の氏名、住所及び資格
　七　規則で境内建物若しくは境内地である不動産又は財産目録に掲げる宝物に係る第23条第1号に掲げる行為に関する事項を定めた場合には、その事項
　八　規則で解散の事由を定めた場合には、その事由
　九　公告の方法

（変更の登記）
第53条　宗教法人において前条第2項

各号に掲げる事項に変更が生じたときは、2週間以内に、その主たる事務所の所在地において、変更の登記をしなければならない。

(他の登記所の管轄区域内への主たる事務所の移転の登記)

第54条　宗教法人がその主たる事務所を他の登記所の管轄区域内に移転したときは、2週間以内に、旧所在地においては移転の登記をし、新所在地においては第52条第2項各号に掲げる事項を登記しなければならない。

(職務執行停止の仮処分等の登記)

第55条　代表権を有する者の職務の執行を停止し、若しくはその職務を代行する者を選任する仮処分命令又はその仮処分命令を変更し、若しくは取り消す決定がされたときは、その主たる事務所の所在地において、その登記をしなければならない。

(合併の登記)

第56条　宗教法人が合併するときは、当該合併に関する認証書の交付を受けた日から2週間以内に、その主たる事務所の所在地において、合併後存続する宗教法人については変更の登記をし、合併により解散する宗教法人については解散の登記をし、合併により設立する宗教法人については設立の登記をしなければならない。

(解散の登記)

第57条　第43条第1項又は第2項(第2号及び第3号を除く。以下この条において同じ。)の規定により宗教法人が解散したときは、同条第1項の規定による解散の場合には当該解散に関する認証書の交付を受けた日から、同条第2項の規定による解散の場合には当該解散の事由が生じた日から、2週間以内に、その主たる事務所の所在地において、解散の登記をしなければならない。

(清算結了の登記)

第58条　宗教法人の清算が結了したときは、清算結了の日から2週間以内に、その主たる事務所の所在地において、清算結了の登記をしなければならない。

(従たる事務所の所在地における登記)

第59条　次の各号に掲げる場合(当該各号に規定する従たる事務所が主たる事務所の所在地を管轄する登記所の管轄区域内にある場合を除く。)には、当該各号に定める期間内に、当該従たる事務所の所在地において、従たる事務所の所在地における登記をしなければならない。

一　宗教法人の設立に際して従たる事務所を設けた場合(次号に規定する場合を除く。)主たる事務所の所在地における設立の登記をした日から2週間以内

二　合併により設立する宗教法人が合併に際して従たる事務所を設けた場合　当該合併に関する認証書

の交付を受けた日から3週間以内
三　宗教法人の成立後に従たる事務所を設けた場合　従たる事務所を設けた日から3週間以内
2　従たる事務所の所在地における登記においては、次に掲げる事項を登記しなければならない。ただし、従たる事務所の所在地を管轄する登記所の管轄区域内に新たに従たる事務所を設けたときは、第3号に掲げる事項を登記すれば足りる。
一　名称
二　主たる事務所の所在場所
三　従たる事務所（その所在地を管轄する登記所の管轄区域内にあるものに限る。）の所在場所
3　前項各号に掲げる事項に変更が生じたときは、3週間以内に、当該従たる事務所の所在地において、変更の登記をしなければならない。

（他の登記所の管轄区域内への従たる事務所の移転の登記）
第60条　宗教法人がその従たる事務所を他の登記所の管轄区域内に移転したときは、旧所在地（主たる事務所の所在地を管轄する登記所の管轄区域内にある場合を除く。）においては3週間以内に移転の登記をし、新所在地（主たる事務所の所在地を管轄する登記所の管轄区域内にある場合を除く。以下この条において同じ。）においては4週間以内に前条第2項各号に掲げる事項を登記しなければならない。ただし、従たる事務所の所在地を管轄する登記所の管轄区域内に新たに従たる事務所を移転したときは、新所在地においては、同項第3号に掲げる事項を登記すれば足りる。

（従たる事務所における変更の登記等）
第61条　第56条及び第58条に規定する場合には、これらの規定に規定する日から3週間以内に、従たる事務所の所在地においても、これらの規定に規定する登記をしなければならない。ただし、合併後存続する宗教法人についての変更の登記は、第59条第2項各号に掲げる事項に変更が生じた場合に限り、するものとする。

（管轄登記所及び登記簿）
第62条　宗教法人の登記に関する事務は、その事務所の所在地を管轄する法務局若しくは地方法務局若しくはこれらの支局又はこれらの出張所が管轄登記所としてつかさどる。
2　各登記所に宗教法人登記簿を備える。

（登記の申請）
第63条　設立の登記は、宗教法人を代表すべき者の申請によつてする。
2　設立の登記の申請書には、所轄庁の証明がある認証を受けた規則の謄本及び宗教法人を代表すべき者の資格を証する書類を添付しなければならない。
3　第52条第2項各号に掲げる事項

の変更の登記の申請書には、当該事項の変更を証する書類を添付しなければならない。ただし、代表権を有する者の氏名又は住所の変更の登記については、この限りでない。

4 合併による変更又は設立の登記の申請書には、前二項に規定する書類のほか、第34条第3項及び第4項の規定による手続を経たことを証する書類並びに合併により解散する宗教法人（当該登記所の管轄区域内に主たる事務所があるものを除く。）の登記事項証明書を添付しなければならない。

5 第57条の規定による解散の登記の申請書には、解散の事由を証する書類を添付しなければならない。

6 この法律の規定による所轄庁の認証を要する事項に係る登記の申請書には、第2項から前項までに規定する書類のほか、所轄庁の証明がある認証書の謄本を添付しなければならない。

第64条　削除

（商業登記法の準用）

第65条　商業登記法（昭和38年法律第125号）第2条から第5条まで（登記所及び登記官）、第7条から第15条まで、第17条、第18条、第19条の2から第23条の2まで、第24条（第15号及び第16号を除く。）、第26条、第27条（登記簿等、登記手続の通則及び同一の所在場所における同一商号の登記の禁止）、第48条から第53条まで、第71条第1項及び第3項、第79条、第82条、第83条（株式会社の登記）並びに第132条から第148条まで（登記の更正及び抹消並びに雑則）の規定は、この章の規定による登記について準用する。この場合において、同法第48条第2項中「会社法第930条第2項各号」とあるのは「宗教法人法第59条第2項各号」と、同法第71条第3項ただし書中「会社法第478条第1項第1号の規定により清算株式会社の清算人となつたもの（同法第483条第4項に規定する場合にあつては、同項の規定により清算株式会社の代表清算人となつたもの）」とあるのは「宗教法人法第49条第1項の規定による清算人」と読み替えるものとする。

第2節　礼拝用建物及び敷地の登記

（登記）

第66条　宗教法人の所有に係るその礼拝の用に供する建物及びその敷地については、当該不動産が当該宗教法人において礼拝の用に供する建物及びその敷地である旨の登記をすることができる。

2 敷地に関する前項の規定による登記は、その上に存する建物について同項の規定による登記がある場合に限りすることができる。

（登記の申請）

第67条　前条第１項の規定による登記は、当該宗教法人の申請によつてする。
2　登記を申請するには、その申請情報と併せて礼拝の用に供する建物又はその敷地である旨を証する情報を提供しなければならない。
（登記事項）
第68条　登記官は、前条第１項の規定による申請があつたときは、その建物又は土地の登記記録中権利部に、建物については当該宗教法人において礼拝の用に供するものである旨を、土地については当該宗教法人において礼拝の用に供する建物の敷地である旨を記録しなければならない。
（礼拝の用途廃止に因る登記の抹消）
第69条　宗教法人は、前条の規定による登記をした建物が礼拝の用に供せられないこととなつたときは、遅滞なく同条の規定による登記の抹消を申請しなければならない。前条の規定による登記をした土地が礼拝の用に供する建物の敷地でなくなつたときも、また同様とする。
2　登記官は、前項前段の規定による申請に基き登記の抹消をした場合において、当該建物の敷地について前条の規定による登記があるときは、あわせてその登記を抹消しなければならない。
（所有権の移転に因る登記の抹消）
第70条　登記官は、第68条の規定による登記をした建物又は土地について所有権移転の登記をしたときは、これとともに当該建物又は土地に係る同条の規定による登記を抹消しなければならない。
2　前条第２項の規定は、前項の規定により建物について登記の抹消をした場合に準用する。
3　前二項の規定は、宗教法人の合併の場合には適用しない。

第８章　宗教法人審議会
（設置及び所掌事務）
第71条　文部科学省に宗教法人審議会を置く。
2　宗教法人審議会は、この法律の規定によりその権限に属させられた事項を処理する。
3　宗教法人審議会は、所轄庁がこの法律の規定による権限（前項に規定する事項に係るものに限る。）を行使するに際し留意すべき事項に関し、文部科学大臣に意見を述べることができる。
4　宗教法人審議会は、宗教団体における信仰、規律、慣習等宗教上の事項について、いかなる形においても調停し、又は干渉してはならない。
（委員）
第72条　宗教法人審議会は、10人以上20人以内の委員で組織する。
2　委員は、宗教家及び宗教に関し学識経験がある者のうちから、文部科学大臣が任命する。

（任期）
第73条　委員の任期は、2年とする。
2　委員は、再任されることができる。
（会長）
第74条　宗教法人審議会に会長を置く。
2　会長は、委員が互選した者について、文部科学大臣が任命する。
3　会長は、宗教法人審議会の会務を総理する。
（委員の費用弁償）
第75条　委員は、非常勤とする。
2　委員は、その職務に対して報酬を受けない。但し、職務を行うために要する費用の弁償を受けることができる。
3　費用弁償の額及びその支給方法は、文部科学大臣が財務大臣に協議して定める。
第76条　削除
（運営の細目）
第77条　この章に規定するものを除くほか、宗教法人審議会の議事の手続その他その運営に関し必要な事項は、文部科学大臣の承認を受けて、宗教法人審議会が定める。

第9章　補則

（被包括関係の廃止に係る不利益処分の禁止等）
第78条　宗教団体は、その包括する宗教法人と当該宗教団体との被包括関係の廃止を防ぐことを目的として、又はこれを企てたことを理由として、第26条第3項（第36条において準用する場合を含む。）の規定による通知前に又はその通知後2年間においては、当該宗教法人の代表役員、責任役員その他の役員又は規則で定めるその他の機関の地位にある者を解任し、これらの者の権限に制限を加え、その他これらの者に対し不利益の取扱をしてはならない。
2　前項の規定に違反してした行為は、無効とする。
3　宗教法人は、他の宗教団体との被包括関係を廃止した場合においても、その関係の廃止前に原因を生じた当該宗教団体に対する債務の履行を免れることができない。
（報告及び質問）
第78条の2　所轄庁は、宗教法人について次の各号の一に該当する疑いがあると認めるときは、この法律を施行するため必要な限度において、当該宗教法人の業務又は事業の管理運営に関する事項に関し、当該宗教法人に対し報告を求め、又は当該職員に当該宗教法人の代表役員、責任役員その他の関係者に対し質問させることができる。この場合において、当該職員が質問するために当該宗教法人の施設に立ち入るときは、当該宗教法人の代表役員、責任役員その他の関係者の同意を得なければならない。
一　当該宗教法人が行う公益事業以

外の事業について第6条第2項の規定に違反する事実があること。
二　第14条第1項又は第39条第1項の規定による認証をした場合において、当該宗教法人について第14条第1項第1号又は第39条第1項第3号に掲げる要件を欠いていること。
三　当該宗教法人について第81条第1項第1号から第4号までの一に該当する事由があること。
2　前項の規定により報告を求め、又は当該職員に質問させようとする場合においては、所轄庁は、当該所轄庁が文部科学大臣であるときはあらかじめ宗教法人審議会に諮問してその意見を聞き、当該所轄庁が都道府県知事であるときはあらかじめ文部科学大臣を通じて宗教法人審議会の意見を聞かなければならない。
3　前項の場合においては、文部科学大臣は、報告を求め、又は当該職員に質問させる事項及び理由を宗教法人審議会に示して、その意見を聞かなければならない。
4　所轄庁は、第1項の規定により報告を求め、又は当該職員に質問させる場合には、宗教法人の宗教上の特性及び慣習を尊重し、信教の自由を妨げることがないように特に留意しなければならない。
5　第1項の規定により質問する当該職員は、その身分を示す証明書を携帯し、宗教法人の代表役員、責任役員その他の関係者に提示しなければならない。
6　第1項の規定による権限は、犯罪捜査のために認められたものと解釈してはならない。

（公益事業以外の事業の停止命令）
第79条　所轄庁は、宗教法人が行う公益事業以外の事業について第6条第2項の規定に違反する事実があると認めたときは、当該宗教法人に対し、1年以内の期間を限りその事業の停止を命ずることができる。
2　前項の規定による事業の停止の命令は、その理由及び事業の停止を命ずる期間を附記した書面で当該宗教法人に通知してするものとする。
3　所轄庁は、第1項の規定による事業の停止の命令に係る弁明の機会を付与するに当たつては、当該宗教法人が書面により弁明をすることを申し出たときを除き、口頭ですることを認めなければならない。
4　前条第2項の規定は、第1項の規定により事業の停止を命じようとする場合に準用する。

（認証の取消し）
第80条　所轄庁は、第14条第1項又は第39条第1項の規定による認証をした場合において、当該認証に係る事案が第14条第1項第1号又は第39条第1項第3号に掲げる要件を欠いていることが判明したときは、当該認証に関する認証書を交付した日から1年以内に限り、当該認

証を取り消すことができる。

2　前項の規定による認証の取消は、その理由を附記した書面で当該宗教法人に通知してするものとする。

3　宗教法人について第1項の規定に該当する事由があることを知つた者は、証拠を添えて、所轄庁に対し、その旨を通知することができる。

4　第1項の規定による認証の取消しに係る聴聞の主宰者は、行政手続法（平成5年法律第88号）第20条第3項の規定により当該宗教法人の代表者又は代理人が補佐人とともに出頭することを申し出たときは、これを許可しなければならない。ただし、当該聴聞の主宰者は、必要があると認めたときは、その補佐人の数を3人までに制限することができる。

5　第78条の2第2項の規定は、第1項の規定による認証の取消しをしようとする場合に準用する。

6　所轄庁は、第1項の規定による認証の取消しをしたときは、当該宗教法人の主たる事務所及び従たる事務所の所在地の登記所に解散の登記の嘱託をしなければならない。

7　第1項の規定による認証の取消しについては、行政手続法第27条第2項の規定は、適用しない。

（不服申立ての手続における諮問等）

第80条の2　第14条第1項、第28条第1項、第39条第1項若しくは第46条第1項の規定による認証に関する決定、第79条第1項の規定による事業の停止の命令又は前条第1項の規定による認証の取消しについての審査請求又は異議申立てに対する裁決又は決定は、当該審査請求又は異議申立てを却下する場合を除き、あらかじめ宗教法人審議会に諮問した後にしなければならない。

2　前項の審査請求又は異議申立てに対する裁決又は決定は、当該審査請求又は異議申立てがあつた日から4月以内にしなければならない。

（解散命令）

第81条　裁判所は、宗教法人について左の各号の一に該当する事由があると認めたときは、所轄庁、利害関係人若しくは検察官の請求により又は職権で、その解散を命ずることができる。

一　法令に違反して、著しく公共の福祉を害すると明らかに認められる行為をしたこと。

二　第2条に規定する宗教団体の目的を著しく逸脱した行為をしたこと又は1年以上にわたつてその目的のための行為をしないこと。

三　当該宗教法人が第2条第1号に掲げる宗教団体である場合には、礼拝の施設が滅失し、やむを得ない事由がないのにその滅失後2年以上にわたつてその施設を備えないこと。

四　1年以上にわたつて代表役員及びその代務者を欠いていること。

五　第14条第1項又は第39条第1項の規定による認証に関する認証書を交付した日から1年を経過している場合において、当該宗教法人について第14条第1項第1号又は第39条第1項第3号に掲げる要件を欠いていることが判明したこと。

2　前項に規定する事件は、当該宗教法人の主たる事務所の所在地を管轄する地方裁判所の管轄とする。

3　第1項の規定による裁判には、理由を付さなければならない。

4　裁判所は、第1項の規定による裁判をするときは、あらかじめ当該宗教法人の代表役員若しくはその代務者又は当該宗教法人の代理人及び同項の規定による裁判の請求をした所轄庁、利害関係人又は検察官の陳述を求めなければならない。

5　第1項の規定による裁判に対しては、当該宗教法人又は同項の規定による裁判の請求をした所轄庁、利害関係人若しくは検察官に限り、即時抗告をすることができる。この場合において、当該即時抗告が当該宗教法人の解散を命ずる裁判に対するものであるときは、執行停止の効力を有する。

6　裁判所は、第1項の規定による裁判が確定したときは、その解散した宗教法人の主たる事務所及び従たる事務所の所在地の登記所に解散の登記の嘱託をしなければならない。

7　第2項から前項までに規定するものを除くほか、第1項の規定による裁判に関する手続については、非訟事件手続法（平成23年法律第51号）の定めるところによる。

（随伴者に対する意見を述べる機会の供与）

第82条　文部科学大臣及び都道府県知事は、この法律の規定による認証に関し宗教法人の代表者若しくは代理人若しくは第12条第1項の規定による認証を受けようとする者若しくはその代理人が意見を述べる場合又は第79条第1項の規定による事業の停止の命令に関し宗教法人の代表者若しくは代理人が口頭により弁明をする場合においては、これらの者のほか、助言者、弁護人等としてこれらの者に随伴した者に対し、意見を述べる機会を与えなければならない。ただし、必要があると認めたときは、その意見を述べる機会を与える随伴者の数を3人までに制限することができる。

（礼拝用建物等の差押禁止）

第83条　宗教法人の所有に係るその礼拝の用に供する建物及びその敷地で、第7章第2節の定めるところにより礼拝の用に供する建物及びその敷地である旨の登記をしたものは、不動産の先取特権、抵当権又は質権の実行のためにする場合及び破産手続開始の決定があつた場合を除くほか、その登記後に原因を生じた私法

上の金銭債権のために差し押さえることができない。

（宗教上の特性及び慣習の尊重）

第84条　国及び公共団体の機関は、宗教法人に対する公租公課に関係がある法令を制定し、若しくは改廃し、又はその賦課徴収に関し境内建物、境内地その他の宗教法人の財産の範囲を決定し、若しくは宗教法人について調査をする場合その他宗教法人に関して法令の規定による正当の権限に基く調査、検査その他の行為をする場合においては、宗教法人の宗教上の特性及び慣習を尊重し、信教の自由を妨げることがないように特に留意しなければならない。

（解釈規定）

第85条　この法律のいかなる規定も、文部科学大臣、都道府県知事及び裁判所に対し、宗教団体における信仰、規律、慣習等宗教上の事項についていかなる形においても調停し、若しくは干渉する権限を与え、又は宗教上の役職員の任免その他の進退を勧告し、誘導し、若しくはこれに干渉する権限を与えるものと解釈してはならない。

第86条　この法律のいかなる規定も、宗教団体が公共の福祉に反した行為をした場合において他の法令の規定が適用されることを妨げるものと解釈してはならない。

（不服申立てと訴訟との関係）

第87条　第80条の2第1項に規定する処分の取消しの訴えは、当該処分についての審査請求又は異議申立てに対する裁決又は決定を経た後でなければ、提起することができない。

（事務の区分）

第87条の2　第9条、第14条第1項、第2項（第28条第2項、第39条第2項及び第46条第2項において準用する場合を含む。）及び第4項（第28条第2項、第39条第2項及び第46条第2項において準用する場合を含む。）、第25条第4項、第26条第4項（第36条において準用する場合を含む。）、第28条第1項、第39条第1項、第43条第3項、第46条第1項、第49条第3項、第51条第5項及び第6項、第78条の2第1項及び第2項（第79条第4項及び第80条第5項において準用する場合を含む。）、第79条第1項から第3項まで、第80条第1項から第3項まで及び第6項、第81条第1項、第4項及び第5項並びに第82条の規定により都道府県が処理することとされている事務は、地方自治法（昭和22年法律第67号）第2条第9項第1号に規定する第1号法定受託事務とする。

第10章　罰　則

第88条　次の各号のいずれかに該当する場合においては、宗教法人の代表役員、その代務者、仮代表役員又は清算人は、10万円以下の過料に処

する。
一　所轄庁に対し虚偽の記載をした書類を添付してこの法律の規定による認証（第12条第1項の規定による認証を除く。）の申請をしたとき。
二　第9条又は第43条第3項の規定による届出を怠り、又は虚偽の届出をしたとき。
三　第23条の規定に違反して同条の規定による公告をしないで同条各号に掲げる行為をしたとき。
四　第25条第1項若しくは第2項の規定に違反してこれらの規定に規定する書類若しくは帳簿の作成若しくは備付けを怠り、又は同条第2項各号に掲げる書類若しくは帳簿に虚偽の記載をしたとき。
五　第25条第4項の規定による書類の写しの提出を怠つたとき。
六　第48条第2項又は第49条の5第1項の規定による破産手続開始の申立てを怠つたとき。
七　第49条の3第1項又は第49条の5第1項の規定による公告を怠り、又は不正の公告をしたとき。
八　第51条第2項の規定による裁判所の検査を妨げたとき。
九　第7章第1節の規定による登記をすることを怠つたとき。
十　第78条の2第1項の規定による報告をせず、若しくは虚偽の報告をし、又は同項の規定による当該職員の質問に対して答弁をせず、若しくは虚偽の答弁をしたとき。
十一　第79条第1項の規定による事業の停止の命令に違反して事業を行つたとき。

第89条　宗教法人を設立しようとする者が所轄庁に対し虚偽の記載をした書類を添付して第12条第1項の規定による認証の申請をしたときは、当該申請に係る団体の代表者は、10万円以下の過料に処する。

　　　附　則（抄）
1　この法律は、公布の日から施行する。
2　宗教法人令（昭和20年勅令第719号）及び宗教法人令施行規則（昭和20年司法、文部省令第1号）は、廃止する。
3　この法律施行の際現に存する宗教法人令の規定による宗教法人は、この法律施行後も、同令の規定による宗教法人として存続することができる。
4　第2項に掲げる命令の規定は、前項の宗教法人（以下「旧宗教法人」という。）については、この法律施行後も、なおその効力を有する。この場合において、宗教法人令第5条第1項及び第14条第1項中「命令」とあるのは、「法務省令、文部科学省令」とする。
5　旧宗教法人は、この法律中の宗教法人の設立に関する規定（設立に関

する罰則の規定を含む。）に従い、規則を作成し、その規則について所轄庁の認証を受け、設立の登記をすることに因つて、この法律の規定による宗教法人（以下「新宗教法人」という。）となることができる。

6　二以上の旧宗教法人は、共同して、この法律中の宗教法人の設立に関する規定（設立に関する罰則の規定を含む。）に従い、規則を作成し、その規則について所轄庁の認証を受け、設立の登記をすることに因つて、一の新宗教法人となることができる。

7　第34条第2項から第4項までの規定は、前項の規定により二以上の旧宗教法人が一の新宗教法人となろうとする場合に準用する。この場合において、同条第2項中「前項の規定による公告」とあるのは「附則第6項の規定により二以上の旧宗教法人が一の新宗教法人となろうとする決定」と、「第6条の規定による事業」とあるのは「公益事業その他の事業」と読み替えるものとする。

8　第5項又は第6項の規定により旧宗教法人が新宗教法人となるための設立の登記の申請書には、旧宗教法人のうち、教派、宗派及び教団にあつてはその主たる事務所の所在地の登記所において、神社、寺院及び教会にあつてはその所在地の登記所において、当該設立の登記をする場合を除く外、旧宗教法人の登記簿の謄本を添えなければならない。

9　第6項の規定により二以上の旧宗教法人が一の新宗教法人となるための設立の登記の申請書には、第7項において準用する第34条第3項及び第4項の規定による手続を経たことを証する書類を添えなければならない。

10　第6項の規定により一の新宗教法人となろうとする旧宗教法人が第7項において準用する第34条第2項から第4項までの規定による手続を経ないで、所轄庁に対し規則の認証の申請をしたときは、当該旧宗教法人の主管者又は代務者は、1万円以下の過料に処する。

11　旧宗教法人が第5項又は第6項の規定により新宗教法人となろうとする旨の決定及び当該新宗教法人に係る規則に関する決定は、当該旧宗教法人における規則の変更に関する手続に従つてするものとする。

12　旧宗教法人のうち神社、寺院又は教会で、だん徒会、信徒会等当該旧宗教法人における規則の変更に関し議決の権限を有する機関を有しないものにあつては、前項に規定する決定をするに当つて、当該旧宗教法人の主管者又は代務者は、信者その他の利害関係人の意向を反映させるため必要があると認めたときは、当該旧宗教法人の規則にかかわらず、特に現任の総代と同数の総代を選任して、当該決定に参与させることがで

きる。
13　旧宗教法人と当該旧宗教法人を包括する宗教団体との被包括関係の廃止は、当該関係の廃止が当該旧宗教法人が第５項又は第６項の規定により新宗教法人となることに伴う場合に限りすることができるものとする。
14　前項の規定により旧宗教法人が被包括関係を廃止しようとする場合の手続に関しては、第11項の規定にかかわらず、左の各号の定めるところによる。
　一　旧宗教法人令第６条後段の規定による手続を経ることを要しないこと。
　二　当該被包括関係の廃止に関し当該旧宗教法人の規則中に当該旧宗教法人を包括する宗教団体が一定の権限を有する旨の定がある場合においても、その権限に関する規則の規定によることを要しないこと。
　三　第12条第３項の規定による公告と同時に、当該旧宗教法人を包括する宗教団体に対し当該被包括関係を廃止しようとする旨を通知しなければならないこと。
15　旧宗教法人は、第５項又は第６項の規定により新宗教法人となろうとするときは、この法律施行の日から１年６月以内に、第13条の規定による認証の申請をしなければならない。

16　前項の規定による申請があつた場合における認証については、第14条第４項中「３月」とあるのは「１年６月」と読み替えるものとする。
17　旧宗教法人は、第15項の期間内に認証の申請をしなかつた場合又は当該認証の申請をしたがその認証を受けることができなかつた場合においては、当該認証の申請をすることができる期間の満了の日又は当該認証を受けることのできないことが確定した日（その日が当該認証の申請をすることができる期間の満了の日前である場合には、当該期間の満了の日）において、これらの日前において解散したものを除いて、解散する。
18　旧宗教法人が第５項又は第６項の規定により新宗教法人となつたときは、その設立の登記をした日において、当該旧宗教法人は解散し、その権利義務（当該旧宗教法人が行う公益事業その他の事業に関し行政庁の許可、認可その他の処分に基いて有する権利業務を含む。）は、新宗教法人が承継する。この場合においては、法人の解散及び清算に関する民法及び非訟事件手続法の規定は適用しない。
19　第５項又は第６項の規定により旧宗教法人が新宗教法人となるための設立の登記がなされたときは、登記官吏は、職権で、当該旧宗教法人の登記用紙を閉鎖しなければならな

20　旧宗教法人が第5項又は第6項の規定により新宗教法人となつた場合においては、当該宗教法人が所有する旧宗教法人令第15条に規定する建物又はその敷地について同条の規定による登記をした事項（当該建物又はその敷地について旧宗教法人令の規定による登記をしたものとみなされた事項を含む。）は、当該宗教法人が新宗教法人となつた日において、第68条の規定による登記をしたものとみなす。

21　前項の建物及びその敷地については、第83条中「その登記後」とあるのは「旧宗教法人令又は旧宗教団体法（昭和14年法律第77号）の規定による登記後」と読み替えるものとする。

22　旧宗教法人のうち教派、宗派又は教団で第5項又は第6項の規定により新宗教法人となつたものの所轄庁は、第5条第1項の規定にかかわらず、文部科学大臣とする。

23　当分の間、宗教法人は、第6条第2項の規定による公益事業以外の事業を行わない場合であつて、その1会計年度の収入の額が寡少である額として文部科学大臣が定める額の範囲内にあるときは、第25条第1項の規定にかかわらず、当該会計年度に係る収支計算書を作成しないことができる。

24　前項に規定する額の範囲を定めようとする場合においては、文部科学大臣は、あらかじめ宗教法人審議会に諮問してその意見を聞かなければならない。

25　附則第23項の場合において、宗教法人は、第25条第2項（第1号、第2号及び第4号から第6号までを除く。）の規定にかかわらず、同項第3号に掲げる収支計算書を作成している場合に限り、これを宗教法人の事務所に備えなければならない。

　　附　則（平成7年12月15日法律第134号）

（施行期日）

1　この法律は、公布の日から起算して1年を超えない範囲内において政令で定める日から施行する。ただし、附則第23項から第25項までの改正規定中附則第24項に係る部分及び次項の規定は、公布の日から施行する。

（境内建物に関する届出）

2　改正前の宗教法人法（以下「旧法」という。）第5条及び宗教法人法附則第22項の規定による所轄庁（以下「旧法所轄庁」という。）が都道府県知事である宗教法人は、この法律の公布の日において他の都道府県内に境内建物を備えているときは、同日から起算して6月以内に、当該他の都道府県内の境内建物の名称、所在地及び面積を記載した書類（以下「境内建物関係書類」とい

う。)を添えて、その旨を旧法所轄庁を経由して文部大臣に届け出なければならない。

3 　前項の規定による届出をした宗教法人は、この法律の施行の日(以下「施行日」という。)において滅失その他の事由により他の都道府県内に境内建物を備えないこととなったときは、施行日から起算して6月以内に、その旨を旧法所轄庁を経由して文部大臣に届け出なければならない。

4 　旧法所轄庁が都道府県知事である宗教法人(附則第2項の規定による届出をした宗教法人を除く。)は、施行日において他の都道府県内に境内建物を備えているときは、施行日から起算して6月以内に、当該他の都道府県内の境内建物関係書類を添えて、その旨を旧法所轄庁を経由して文部大臣に届け出なければならない。

(収支計算書の作成等に関する経過措置)

5 　改正後の宗教法人法(以下「新法」という。)第25条第1項の規定中収支計算書の作成に係る部分及び新法附則第23項の規定は、施行日以後に開始する宗教法人の会計年度(以下「施行日以後の会計年度」という。)に係る収支計算書の作成について適用する。

6 　新法第25条第2項の規定中収支計算書の備付けに係る部分及び新法附則第25項の規定は、施行日以後の会計年度に係る収支計算書の備付けについて適用し、施行日前に開始した宗教法人の会計年度に係るものについては、なお従前の例による。

7 　新法第25条第4項の規定は、施行日以後の会計年度に係る書類の写しの提出について適用する。

(所轄庁の処分等に関する経過措置)

8 　旧法所轄庁がし、又は旧法所轄庁に対してされた旧法の規定による処分、手続その他の行為は、新法第5条及び宗教法人法附則第22項の規定による所轄庁(以下「新法所轄庁」という。)がし、又は新法所轄庁に対してされた新法の相当規定による処分、手続その他の行為とみなす。

9 　旧法所轄庁が宗教法人法第14条第4項(同法第28条第2項、第39条第2項及び第46条第2項において読み替えて準用する場合を含む。以下同じ。)の規定により交付した認証書及び認証した旨を付記した規則又は変更しようとする事項を示す書類は、新法所轄庁が宗教法人法第14条第4項の規定により交付したものとみなす。

　　附　　則 (平成23年6月24日法律第74号)

(施行期日)

第1条　この法律は、公布の日から起算して20日を経過した日から施行する。

執 筆 者

吉 岡 誠 一（よしおか　せいいち）

元東京法務局民事行政部第一法人登記部門首席登記官
元富山地方法務局長

辻 本 五十二（つじもと　いそじ）

元東京法務局民事行政部第二法人登記部門首席登記官
元さいたま地方法務局東松山支局長

Ｑ＆Ａ法人登記の実務 宗教法人

2014年6月16日　初版発行
2019年11月11日　初版第2刷発行

著　者　　吉　岡　誠　一
　　　　　辻　本　五十二

発行者　　和　田　　　裕

発行所　　日 本 加 除 出 版 株 式 会 社

本　　社　郵便番号 171-8516
　　　　　東京都豊島区南長崎3丁目16番6号
　　　　　ＴＥＬ　(03)3953-5757（代表）
　　　　　　　　　(03)3952-5759（編集）
　　　　　ＦＡＸ　(03)3951-8911
　　　　　ＵＲＬ　www.kajo.co.jp

営業部　　郵便番号 171-8516
　　　　　東京都豊島区南長崎3丁目16番6号
　　　　　ＴＥＬ　(03)3953-5642
　　　　　ＦＡＸ　(03)3953-2061

組版　㈱アイワード／印刷・製本　京葉流通倉庫㈱

落丁本・乱丁本は本社でお取替えいたします。
★定価はカバー等に表示してあります。
Ⓒ Seiichi Yoshioka, Isoji Tsujimoto 2014
Printed in Japan
ISBN978-4-8178-4165-0

JCOPY 〈(社)出版者著作権管理機構 委託出版物〉

本書を無断で複写複製（電子化を含む）することは、著作権法上の例外を除き、禁じられています。複写される場合は、そのつど事前に(社)出版者著作権管理機構（JCOPY）の許諾を得てください。
また本書を代行業者等の第三者に依頼してスキャンやデジタル化することは、たとえ個人や家庭内での利用であっても一切認められておりません。

〈JCOPY〉HP：https://www.jcopy.or.jp, e-mail：info@jcopy.or.jp
電話：03-5244-5088, FAX：03-5244-5089

各種登記申請手続の基礎知識を豊富な書式例と丁寧な解説でフォロー！

Q&A 法人登記の実務

NPO法人〈新版〉
吉岡誠一 著
2012年7月刊 A5判 328頁 本体3,000円+税 978-4-8178-4000-4 商品番号:49101 略号:法実1

学校法人
吉岡誠一 監修 朝倉保彦 著
2011年10月刊 A5判 196頁 本体1,900円+税 978-4-8178-3951-0 商品番号:49102 略号:法実2

社会福祉法人〈第2版〉
山中正登 著
2017年10月刊 A5判 356頁 本体3,200円+税 978-4-8178-4433-0 商品番号:49103 略号:法実3

医療法人〈第2版〉
山中正登 著
2017年3月刊 A5判 332頁 本体2,900円+税 978-4-8178-4380-7 商品番号:49104 略号:法実4

農事組合法人
吉岡誠一 著
2012年5月刊 A5判 284頁 本体2,700円+税 978-4-8178-3987-9 商品番号:49105 略号:法実5

農業協同組合
山中正登 著
2013年3月刊 A5判 352頁 本体3,000円+税 978-4-8178-4057-8 商品番号:49106 略号:法実6

事業協同組合
吉岡誠一 著
2013年11月刊 A5判 392頁 本体3,400円+税 978-4-8178-4126-1 商品番号:49107 略号:法実7

水産業協同組合
山中正登 著
2014年1月刊 A5判 272頁 本体2,300円+税 978-4-8178-4131-5 商品番号:49108 略号:法実8

宗教法人
吉岡誠一・辻本五十二 著
2014年6月刊 A5判 288頁 本体2,800円+税 978-4-8178-4165-0 商品番号:49109 略号:法実9

日本加除出版
〒171-8516 東京都豊島区南長崎3丁目16番6号
TEL (03)3953-5642 FAX (03)3953-2061（営業部）
http://www.kajo.co.jp/